DANS LA MÊME COLLECTION

Caligula
Périclès
Alexandre le Grand
Marc Aurèle
Alcibiade
Constantin
Les héros spartiates

À PARAÎTRE

Pompée
Tibère
Antonin le Pieux
Thémistocle
Hannibal
Néron
Jules César
Cicéron
Auguste
Antoine et Cléopâtre…

LA VÉRITABLE HISTOIRE DE

Collection
dirigée
par
Jean Malye

DU MÊME AUTEUR

Des Trois Royaumes aux Jin. Légitimation du pouvoir impérial en Chine au IIIe *siècle*, Paris, Les Belles Lettres, collection « Histoire », 2010.

LA VÉRITABLE

HISTOIRE

DU

PREMIER EMPEREUR

DE CHINE

秦始皇正傳

Textes réunis et présentés
par
Damien Chaussende

LES BELLES LETTRES

2010

Pour consulter notre catalogue
et découvrir nos nouveautés
www.lesbelleslettres.com

© 2010, Société d'édition Les Belles Lettres
95, boulevard Raspail 75006 Paris.
www.lesbelleslettres.com

ISBN : 978-2-251-04008-0

Remerciements

Mes remerciements vont à Guy et Céline Robert, Olivier Venture et Alexis Lycas, pour leur relecture et leurs précieuses suggestions.

Sauf mention contraire, les dates s'entendent avant notre ère.

Les textes en italiques dans le corps du texte sont de Damien Chaussende.

Le roi de Qin, Ying Zheng, vingt-six ans après avoir pris le pouvoir, réunit pour la première fois entre ses mains le monde sous le Ciel et en fit trente-six commanderies. Il prit le titre de « Premier empereur ». Il mourut à l'âge de cinquante et un ans. Son fils, Huhai, lui succéda ; ce fut le Second empereur. La troisième année de son règne, les feudataires[1] se levèrent tous en masse contre Qin. Zhao Gao tua le Second empereur ; le pouvoir échut alors au prince Ying, qui ne l'exerça qu'à peine plus d'un mois, jusqu'au moment où les feudataires le mirent à mort et anéantirent ainsi Qin. Ces choses sont racontées dans les Annales du Premier empereur.

Sima Qian, *Mémoires historiques*, chap. 5,
Annales de Qin

IVe siècle avant J.-C.

Depuis plusieurs siècles, le territoire de ce qui est aujourd'hui la Chine est morcelé en de nombreuses principautés vassales du roi de Zhou. Ce monarque est le fils du Ciel, suzerain suprême de cette constellation d'États de dimensions variables, indépendants dans les faits. Les souverains de ces principautés sont plus ou moins apparentés au clan royal et portent en général le titre de duc. La

---

1. Vassaux.

stabilité de cette organisation multiétatique repose sur la
prééminence rituelle et symbolique du fils du Ciel. Mais ce
ciment politique commence à se déliter : les ducs ne cessent de
se faire la guerre ; certains ne respectent plus la tradition
rituelle et n'hésitent plus à prendre à leur profit le titre de
roi. Personne cependant n'ose encore s'attaquer à l'intégrité
du domaine royal ni se proclamer fils du Ciel.

Dans les différents États, un désir d'unification se fait
de plus en plus intense au fur et à mesure que le système
féodal traditionnel ne parvient plus à régler les différends
entre les principautés. Mencius (vers 380-304), le moins
enclin des philosophes de la période à promouvoir une cen-
tralisation du pouvoir, admet pourtant que l'unification
territoriale sous l'autorité effective d'un seul monarque
serait la solution.

Mencius alla voir le roi Xiang de la principauté
de Liang[2]. En sortant, il dit :

– En le considérant de loin, je n'ai pas vu en lui
un souverain ; en le regardant de près, je n'ai trouvé
en lui rien qui n'inspire le respect. Il m'a demandé
abruptement par quel moyen le monde pourrait recou-
vrer la stabilité. Je lui ai répondu : « La stabilité du
monde passera par l'unification. » « Qui, me demanda
le roi, pourra l'unifier ? » Je répondis : « Celui qui ne
prendra nul plaisir à tuer. » « Qui voudrait s'associer
à lui ? » Je répondis : « Tout le monde se donnera à
lui. [...] Tous les habitants du pays allongeront leur

---

2. Le roi Xiang régna de 318 à 296.

cou et porteront leur regard vers lui. S'il s'en trouvait véritablement un, le peuple irait à lui avec le même élan impétueux des eaux qui descendent dans les vallées. Qui pourrait l'arrêter ? »

Mengzi, I A-6

Xunzi (312-230) évoque lui aussi l'unification comme un bien. Comme les autres philosophes, il idéalise le sauveur à venir, qui serait à la fois le fils du Ciel et un souverain effectif.

[Le véritable fils du Ciel] porte à leur perfection la voie et sa vertu, est un exemple de grandeur, s'attache au plus haut point à la culture et à ses règles, unifie le monde sous le Ciel, stimule même les choses les plus fines et fait en sorte que tout le monde sous le Ciel lui obéisse et se soumette à lui. Tels sont les devoirs du souverain mandaté par le Ciel. [...] Si le monde sous le Ciel n'est pas unifié et que les feudataires se rebellent, c'est que le trône n'est pas occupé par un fils du Ciel.

Xunzi, chap. 9

Reste à savoir qui sera ce sauveur providentiel. Sera-ce un descendant de la maison royale des Zhou, le lignage a priori le plus légitime ? Ce serait oublier la nature humaine et l'un de ses corollaires : la démesure, l'hybris, des princes. C'est dans la principauté de Qin que naît celui qui deviendra le Premier empereur. Lorsqu'en 237 il accède à la majorité – il n'est que le roi de Qin à cette époque[3] –, un conseiller voit en lui un homme ambitieux et opportuniste.

Le roi de Qin a le nez aquilin, des yeux de guêpe, la poitrine bombée comme un épervier. Il a la voix d'un loup et le cœur d'un tigre. Il est sans affection. Tant qu'il sera à l'étroit, il sera encore traitable. S'il devient maître souverain, il se gênera peu pour dévorer les hommes. Je ne suis qu'un pauvre lettré, mais il a des entrevues avec moi, et il m'a montré une grande déférence. Mais si ce roi réalise ses ambitions à l'égard du monde sous le Ciel, tous les hommes seront ses esclaves.

Sima Qian, *Mémoires historiques*, chap. 6,
Annales du Premier empereur

Ce monarque annexera peu à peu toutes les principautés, finira par mettre à bas le système féodal traditionnel et créera un nouveau système politique : l'Empire. Pour ce faire, il s'appuiera sur l'œuvre de ses prédécesseurs, qui avaient fait de Qin un État puissant dès le milieu du IVe siècle.

Puis vint le Premier empereur qui continua l'héritage de gloire laissé par six générations. Brandissant sa grande cravache, il gouverna le monde. Il absorba les

---

3. Le premier roi de Qin fut le roi Huiwen (r. 338-311). Il prit ce titre en 325, soit environ soixante-dix ans avant la naissance du Premier empereur. Avant cette usurpation, les souverains de Qin étaient de simples ducs.

Zhou et détruisit les feudataires. Il marcha jusqu'au faîte des honneurs et imposa sa loi dans les six directions de l'espace. Il mania le fouet et la verge pour fustiger l'Empire. Son prestige fit trembler les quatre mers. Au sud, il s'empara du territoire des cent Yue dont il fit les commanderies de Guilin et de Xiang ; les princes des cent Yue, la tête basse et la corde au cou, livrèrent leur destinée à des officiers subalternes. Puis le souverain de Qin envoya Meng Tian construire au nord la Grande Muraille et défendre les frontières. Il repoussa les Xiongnu à une distance de plus de sept cents lieues[4]. Les barbares n'osèrent plus descendre vers le sud pour y faire paître leurs chevaux ; leurs hommes vaillants n'osèrent plus bander leurs arcs pour venger leur ressentiment.

Ce fut alors que le souverain de Qin négligea de suivre la ligne de conduite des anciens rois. Il brûla les enseignements des Cent écoles de philosophie afin de rendre stupide le peuple. Il détruisit les villes célèbres ; il tua les hommes éminents ; il recueillit les armes de tout l'Empire, les rassembla à Xianyang

---

4. « Lieue » traduit le chinois *li*, une mesure de longueur qui a varié au cours du temps, et qui, dans l'Antiquité, équivalait à trois cents pas. Des expressions comme « cent lieues », « mille lieues » ou « dix mille lieues » sont hyperboliques et signifient simplement une longue ou une très longue distance, d'où ce choix de traduction. La Grande Muraille est parfois appelée, par exemple, « la muraille longue de dix mille lieues » (*wan li chang cheng*).

et, après avoir fondu les pointes et liquéfié les barres, il en fit douze hommes de métal, afin d'affaiblir le peuple. Puis il monta sur le mont Hua dont il fit son rempart. Il se servit du fleuve Jaune comme d'un fossé. Appuyé sur un rempart d'un million de pieds de hauteur, dominant la gorge où coulait une rivière d'une profondeur insondable, il estimait que c'était une forte position. Avec ses bons généraux et ses forts archers, il gardait les localités les plus importantes ; avec ses ministres fidèles et ses soldats d'élite, quand il faisait parade de ses armes aiguisées, qui aurait osé lui demander des explications ? L'Empire étant ainsi raffermi, l'empereur pensait lui-même dans son cœur que, grâce à sa solide situation à l'intérieur des passes et aux mille lieues de son mur de fer, ses descendants exerceraient le gouvernement impérial pendant dix mille générations. Même après sa mort, le prestige qu'il avait laissé fut encore redoutable aux yeux des peuples étrangers.

Jia Yi, « Réquisitoire contre Qin »

QIN AVANT L'EMPIRE :
LES RÉFORMES LÉGISTES
DE SHANG YANG

350-240

Shang Yang (†338), issu de la noblesse de la principauté de Wei, apprend que le duc Xiao de Qin (r. 361-338) cherche à s'entourer de conseillers politiques. Par l'intermédiaire d'un eunuque, Shang Yang s'entretient deux fois avec le souverain, sans parvenir à le convaincre de l'employer. Il obtient finalement une troisième audience.

Yang eut une nouvelle entrevue avec le duc, qui, au cours de la conversation, rapprocha inconsciemment son siège de celui de Yang. L'entretien dura pendant plusieurs jours.

— Comment avez-vous fait pour plaire ainsi à notre souverain ? lui demanda l'eunuque. Il vous a beaucoup apprécié.

— Lorsque je lui ai parlé de la vertu des souverains en prenant des exemples parmi les trois dynasties[1], il m'a dit que c'était trop long, qu'il ne pouvait pas attendre ; que les sages souverains faisaient briller leur nom durant leur vie et que lui-même ne pouvait

1. Les trois dynasties sont les Xia, les Shang et les Zhou.

attendre des millénaires pour devenir roi. Alors je lui ai parlé des moyens pour affermir son pays et cela l'a réjoui. Mais il ne pourra pas être l'égal des Shang ou des Zhou.

Sima Qian, *Mémoires historiques*, chap. 68,
Biographie de Shang Yang

Shang Yang entre alors au service du duc Xiao. Son principe est simple, il s'appuie sur une vision cynique de la nature humaine : les hommes doivent être manipulés par leurs propres passions au moyen de la loi. Ce courant de pensée a pour nom le légisme.

Le peuple est gouvernable car il a des préférences et des antipathies. Aussi, un souverain doit-il porter son attention à ses désirs, qui constituent le fondement des châtiments et des récompenses. Il est dans la nature des hommes de désirer des récompenses et de redouter les châtiments. Ainsi, grâce à ces deux leviers, le souverain peut contrôler les forces de ses sujets. Il institue ce qu'ils désirent. [...] Que le peuple ait une foi aussi aveugle dans la justice des châtiments et des récompenses que dans l'éclat du soleil et de la lune ; les armées du souverain seront alors invincibles.

Shang Yang, *Le Livre du prince Shang*, chap. 9

La loi est la vie même du peuple, le fondement du gouvernement, le garde-fou des populations. Aussi, souhaiter gouverner en la rejetant est-il aussi vain que de vouloir apaiser sa faim en jeûnant, se protéger du froid en se déshabillant ou encore vouloir aller à l'est mais marcher vers l'ouest.

Shang Yang, *Le Livre du prince Shang*, chap. 26

Pour Shang Yang, un pays se gouverne au travers de lois dont l'application ne souffre aucune exception, ni circonstance atténuante. La loi devra être si sévère que personne n'osera l'enfreindre.

En supprimant les châtiments par les châtiments eux-mêmes, le pays connaîtra l'ordre. En instituant les châtiments par les châtiments, le pays connaîtra le désordre. C'est pourquoi il est dit : « Que la faute légère soit punie sévèrement. » Si les châtiments disparaissent [par leur brutalité même], les choses réussiront et le pays sera fort. Si les châtiments sont proportionnés aux fautes, le pays sera faible. Les châtiments engendrent la force ; la force engendre la puissance ; la puissance engendre la crainte ; de la crainte naît la clémence. La clémence provient donc de la force.

Shang Yang, *Le Livre du prince Shang*, chap. 4

Il est dans la nature du peuple d'être bien gouverné. Ce sont les circonstances qui causent le désordre. Aussi, lorsqu'on applique les châtiments, doit-on punir sévèrement les fautes légères. Elles finiront par disparaître, de même pour les crimes les plus graves. Tel est le sens de la maxime « établir l'ordre dans une administration réglée ». Si les sanctions sont proportionnées aux fautes, les délits les plus légers ne cesseront jamais, de même que les crimes graves. Tel est le sens de la maxime « établir l'ordre dans une administration déréglée ». Par la première méthode, on obtient l'ordre sans avoir recours aux châtiments ; le pays est puissant. Par la seconde, le désordre croît à mesure que l'on applique les sanctions ; le pays est voué à disparaître.

Shang Yang, Le Livre du prince Shang, chap. 5

La loi doit être intériorisée par tous et son application s'appuie sur le peuple. Les responsabilités sont collectives.

Que toute félonie soit dénoncée ; le peuple sera alors lui-même un juge et saura répondre à la moindre consigne du souverain.

Shang Yang, Le Livre du prince Shang, chap. 5

Le levier de la loi est le couple opposé, complémentaire mais inégal des châtiments et des récompenses.

Pour neuf sujets qu'il châtie, un vrai monarque n'en récompense qu'un. Un souverain puissant en condamne sept pour trois qu'il honore. Mais le pays est voué à la ruine si l'on distingue autant que l'on punit.

Shang Yang, Le Livre du prince Shang, chap. 4

Pour éviter la sédition : abrutir le peuple par le travail et le combat.

C'est parce que le sage souverain édicte des lois et modifie les usages que le peuple met toutes ses forces dans les travaux des champs. Il est impératif de comprendre cela. Les hommes se livrent à leurs occupations et obéissent jusqu'à la mort parce que le souverain établit clairement les récompenses et les punitions. Le succès de sa politique ne dépend ni des sophistes ni des conseillers privés. Le peuple aimera faire la guerre et se livrera aux travaux agricoles tant qu'il constatera que le souverain distingue soldats et paysans et méprise sophistes, artisans et lettrés itinérants. [...] Le souverain doit veiller à rendre les gens bornés. Si les sujets sont bornés, ils sont simples. S'ils sont simples, ils labourent ; il est alors facile de stimuler leur zèle. Mais le zèle conduit à la richesse. Aussi les hommes riches seront-ils appauvris, afin qu'ils ne dissipent pas leurs forces. On compensera leur perte avec des titres honorifiques. Quant aux paresseux, on les châtiera et on les ramènera aux travaux des champs.

Shang Yang, *Le Livre du prince Shang*, chap. 8

L'objectif est de faire de Qin une machine de guerre qui anéantira ses voisins.

Un pays qui inspire la crainte remporte dix fois sa mise et s'assure le succès par le seul fait de sa réputation. Ainsi, celui qui s'impose par sa puissance domine. Un pays prospère mais qui n'attaque pas s'en prend à lui-même. Il est voué à la ruine. Un pays prospère qui attaque s'en prend aux autres. Il sera fort. Il faut détruire les parasites, détruire ses propres forces[2], détruire ses ennemis. Un pays qui réalise deux de ces objectifs sera fort ; un pays qui les réalise tous les trois dominera par la crainte qu'il inspirera aux autres.

Shang Yang, *Le Livre du prince Shang*, chap. 4

Les principes de Shang Yang sont mis en application dans la principauté de Qin dès sa nomination au service du duc Xiao.

Il fut décidé ce qui suit : le peuple sera divisé en groupes de dix et cinq foyers, qui devront se surveiller mutuellement. Les peines seront collectives. Ceux qui ne dénonceront pas un criminel auront la taille tranchée ; ceux qui le dénonceront seront récompensés au même titre qu'un soldat ayant tué un ennemi. Ceux qui cacheront un criminel seront punis comme en cas de reddition à l'ennemi. Les familles de plus de deux hommes à la maison payeront un impôt double. Tous ceux qui se seront illustrés dans l'armée seront anoblis selon leur mérite. Ceux qui se livreront à des luttes personnelles recevront un

2. Sous-entendu en les employant dans des guerres.

châtiment proportionné à la gravité du cas. Chacun devra consacrer toutes ses forces à son activité : ceux qui auront eu un bon rendement de produits agricoles ou de tissu seront exemptés de corvée. Ceux qui se seront livrés à des activités commerciales et ceux qui, paresseux, seront tombés dans la pauvreté, seront réduits en esclavage. Les nobles sans aucun mérite militaire ne pourront pas figurer sur la liste des détenteurs de fiefs. Les différences hiérarchiques seront clairement définies. Les titres et domaines une fois accordés, chacun aura droit, suivant son rang, à un nombre précis de concubines, à porter tel vêtement, à avoir telle maison. Ceux qui l'auront mérité pourront manifester leur richesse ; ceux qui seront riches, mais qui n'auront aucun mérite militaire, ne pourront faire montre de leur faste.

Sima Qian, *Mémoires historiques*, chap. 68,
Biographie de Shang Yang

Les lois furent appliquées pendant dix ans. Le peuple en était content : on pouvait laisser des choses sur les routes sans qu'elles ne soient volées ; il n'y avait plus de brigands dans les montagnes ; les foyers étaient bien pourvus. Les hommes se battaient avec courage à la guerre et n'osaient se livrer à des vendettas personnelles. Villes et villages étaient bien administrés.

Sima Qian, *Mémoires historiques*, chap. 68,
Biographie de Shang Yang

La loi est la même pour tous.

Tous ceux qui, des simples sujets aux ministres, généraux et grands officiers n'obéissent pas aux ordres du souverain, transgressent les interdictions édictées par l'État ou s'opposent aux consignes royales, sont passibles de la peine capitale. Aucune amnistie n'est envisageable. Les mérites acquis dans le passé n'ont aucune incidence sur les châtiments à venir. De même, une bonne conduite ne saurait adoucir les pénalités. [...] Tout fonctionnaire qui dénoncera les fautes d'un collègue, dont il aurait connaissance, ne sera pas puni ; de plus on lui octroiera la charge du criminel dénoncé – quel que soit son degré dans la hiérarchie – ainsi que ses émoluments et ses terres.

Shang Yang, *Le Livre du prince Shang*, chap. 17

Mais un jour, le prince héritier de Qin enfreint la loi.

Shang Yang dit au souverain :
– Si les lois ne sont pas observées, c'est que l'exemple vient de ceux qui sont élevés en dignité et apparentés au prince ; si Votre Altesse désire réellement faire respecter les lois en vigueur, qu'elle commence par les appliquer à l'héritier présomptif.

Comme l'héritier présomptif ne pouvait subir la peine de la marque[3], on infligea ce châtiment à son

---

3. L'une des peines les plus infamantes était une marque faite par brûlure sur le visage.

précepteur ; alors les lois furent universellement observées et le peuple de Qin fut bien gouverné.

Sima Qian, *Mémoires historiques*, chap. 5,
Annales de Qin

En 338, le duc Xiao meurt. Son fils Ying Si, qui se proclame roi, garde rancune contre Shang Yang. Ce dernier est victime de ses propres lois.

Les élèves du précepteur [de Ying Si] accusèrent Shang Yang d'ourdir une insurrection. Des gardes furent alors envoyés l'arrêter. Il s'enfuit jusqu'à un poste-frontière, où il voulut passer la nuit dans une auberge. Mais l'aubergiste, ne le connaissant pas, lui répondit que, selon la loi de Shang Yang, ceux qui ne vérifiaient pas l'identité des voyageurs étaient punis.

– Ah ! voilà jusqu'où vont les lois de nos jours ! soupira-t-il.

Sima Qian, *Mémoires historiques*, chap. 68,
Biographie de Shang Yang

Mais quand le duc Xiao fut mort et que l'héritier présomptif eut pris le pouvoir, comme plusieurs membres de la famille princière haïssaient Yang, celui-ci s'enfuit ; c'est pourquoi il fut déclaré coupable et finit par être écartelé entre des chars afin de servir d'exemple dans tout le royaume de Qin.

Sima Qian, *Mémoires historiques*, chap. 5,
Annales de Qin

Les réformes de Shang Yang permirent à la principauté de Qin de devenir une puissance militaire riche et parfaitement ordonnée. Les souverains suivants ne continuèrent pas dans la même voie, mais surent s'entourer de ministres clairvoyants et efficaces. Li Si, ministre et éminence grise du Premier empereur, dira ceci vers 240 :

Le duc Xiao appliqua les réformes de Shang Yang pour changer les usages et les habitudes. Le peuple s'accrut ; l'État prospéra et se renforça. Les populations travaillèrent dans la joie ; des feudataires se soumirent à Qin. Le duc prit possession des armées de Chu et de Wei et gagna un territoire de mille lieues. Cette puissance a été de mise jusqu'à aujourd'hui.

Grâce au stratège Zhang Yi, le roi Huiwen[4] s'empara de la région de Sanchuan, annexa à l'est les contrées de Ba et de Shu[5], au nord, la commanderie de Shang, et au sud, celle de Hanzhong. Il absorba les neuf Barbares[6] et imposa sa loi aux villes de Yan et de Ying[7]. À l'est, il conquit la place stratégique de Chenggao et gagna ainsi des terres fertiles. Il

---

4. Il régna de 338 à 311.

5. Le Ba et le Shu correspondent à peu près à la province actuelle du Sichuan.

6. Une façon de dire que même les peuples barbares ont reconnu l'autorité de Qin.

7. Yan et Ying étaient deux villes stratégiques du royaume de Chu. La seconde fut même capitale.

rompit la coalition des six royaumes[8] et parvint à les soumettre. Ces réalisations sont encore visibles aujourd'hui.

Le roi Zhaoxiang[9] gagna le rhéteur Fan Sui, et expulsa le marquis de Rang ainsi que Hua Yang. Il renforça la maison royale, fit obstacle aux intérêts privés et empiéta progressivement sur les territoires des feudataires, ouvrant la voie à l'œuvre impériale.

Ces quatre souverains surent s'entourer de ministres d'exception.

Sima Qian, *Mémoires historiques*, chap. 87,
Biographie de Li Si

Le royaume de Qin continue à lutter contre ses voisins. En 256-255, il finit par attaquer le domaine royal des Zhou. À l'issue de cette annexion, la Chine perd son fils du Ciel, le suzerain symbolique de tous les feudataires.

La cinquante et unième année[10], le général Jiu attaqua l'État de Han ; il prit Yangcheng et Fushu, et coupa quarante mille têtes. Il attaqua le royaume de Zhao, lui prit plus de vingt préfectures ; il tua ou fit prisonniers quatre-vingt-dix mille hommes. Le

8. En 318, les royaumes de Han, Zhao, Wei, Yan et Qi s'allièrent contre Qin, qui parvint à les défaire.
9. Il régna de 307 à 251.
10. La cinquante et unième année du règne du roi Zhaoxiang, soit 256.

roi des Zhou occidentaux se déclara contre Qin et fit avec les feudataires une ligue du nord au sud. À la tête de troupes d'élite du pays entier, ils sortirent par Yique pour attaquer Qin et faire qu'il ne pût avoir de communications avec Yangcheng ; alors Qin envoya le général Jiu attaquer le roi des Zhou occidentaux, qui s'enfuit puis vint faire spontanément sa soumission. Se prosternant face contre terre, il reconnut sa culpabilité. Il offrit toutes ses villes qui étaient au nombre de trente-six et comptaient trente mille habitants. Le roi de Qin accepta ce qu'il offrait et le renvoya à Zhou. [...] La cinquante-deuxième année[11], le peuple des Zhou s'enfuit dans l'Est. Les *regalia* et les Neuf vases tripodes[12] entrèrent en la possession des Qin. Ce fut alors que, pour la première fois, les Zhou furent détruits.

Sima Qian, *Mémoires historiques*, chap. 5,
Annales de Qin

Vers 240, les compilateurs d'une encyclopédie s'en désolent encore.

La dynastie des Zhou étant annihilée, il n'y a aujourd'hui plus aucun fils du Ciel. Or il ne saurait y avoir pire désordre que cela : lorsqu'il n'y a pas de

---

11. Soit en 255.
12. Les *regalia* sont les objets symboliques du pouvoir et les Neuf vases tripodes étaient une sorte de Palladium qui représentait l'autorité du fils du Ciel.

fils du Ciel, le fort l'emporte sur le faible, les esseulés succombent sous le nombre, les armes s'entrecroisent et cela sans aucun répit. C'est cette situation que notre époque connaît.

Printemps et automnes de Lü Buwei, chap. 15. 5

UN MARCHAND
ÉTABLIT UN PRINCE

267-246

Rien ne prédisposait Ying Zheng[1] à devenir le roi de Qin, et, in fine, le Premier empereur. Son père, Zichu, était un fils cadet du prince héritier et avait été envoyé en otage dans le pays de Zhao. Pendant la période des Royaumes combattants, il était en effet courant que des fils cadets de souverains soient envoyés vivre dans d'autres royaumes afin de sceller des alliances. C'est grâce aux intrigues du marchand Lü Buwei que Zichu fut nommé héritier présomptif.

La quarantième année du règne du roi Zhaoxiang de Qin[2], l'héritier présomptif mourut. La quarante-deuxième année, le prince de Anguo[3] fut nommé héritier du trône à sa place. Il avait plus de vingt fils. Il fit de Huayang, sa concubine préférée, son épouse principale. Mais elle ne lui avait donné aucun fils. Un des fils cadets du prince, Zichu, avait pour mère Xia, qui n'était pas aimée. Aussi, Zichu avait-il été

1. Le Premier empereur a pour patronyme Ying et pour prénom Zheng.
2. 267.
3. Le grand-père du Premier empereur.

envoyé dans le royaume de Zhao en tant qu'otage. Il n'y était pas traité avec respect, car Qin avait à plusieurs reprises attaqué Zhao. Zichu, d'origine populaire par sa mère, otage chez un feudataire, n'avait ni équipage ni train de maison ; il vivait dans des conditions difficiles et en souffrait.

Sima Qian, Mémoires historiques, chap. 85,
Biographie de Lü Buwei

Alors qu'il se trouve à Handan, la capitale du royaume de Zhao, le riche commerçant Lü Buwei, qui a fait fortune en parcourant les États, achetant des marchandises ici et les revendant là, découvre la situation peu enviable de Zichu, et se met à échafauder un plan. Il en fait part à son père.

Il demanda à son père :

— Quel bénéfice peut-on espérer de l'agriculture ?

— Dix fois la mise initiale.

— Et du commerce des pierres précieuses ?

— Cent fois.

— Et combien pour avoir établi un souverain ?

— C'est incalculable !

— Si je me tue au travail dans les champs, je gagnerai à peine de quoi vivre. Mais si j'établis un prince, ce que je gagnerai se transmettra à ma postérité sur des générations. C'est donc ce que je vais faire.

Liu Xiang, *Stratagèmes des Royaumes combattants*, Qin, 5

Lü Buwei s'entretient alors avec Zichu. Son idée est de le faire adopter par dame Huayang, favorite de son père, le prince héritier du royaume de Qin.

Lü Buwei dit :

— Le roi de Qin est âgé ; le prince de Anguo prendra sa succession. D'après ce que je sais, il aime beaucoup dame Huayang. Or celle-ci n'a pas de fils, mais elle est la seule qui ait assez d'influence pour faire nommer un héritier. Vous avez plus de vingt frères ; vous n'êtes pas parmi les aînés ; vous n'êtes pas un favori de votre père et cela fait longtemps que vous êtes otage ici. À la mort du roi, le prince de Anguo lui succédera et vous n'avez aucune chance de devenir son héritier et de l'emporter sur vos frères, qui sont du matin jusqu'au soir en présence de votre père.

— C'est vrai ; mais que puis-je faire ? répondit Zichu.

— Vous êtes pauvre ; vous êtes étranger ici ; vous n'avez pas les moyens de faire des cadeaux à votre famille et de vous constituer une clientèle. Je n'ai pas beaucoup d'argent, mais permettez-moi de partir vers l'ouest avec mille lingots d'or. Je vous créerai de bonnes relations avec le prince de Anguo et dame Huayang, qui feront de vous leur héritier.

— Si votre plan réussit, répondit Zichu en s'inclinant, laissez-moi partager avec vous le royaume de Qin.

Lü Buwei parvient à convaincre dame Huayang qui, à son tour, convainc le prince de Anguo de nommer Zichu son héritier. Lü Buwei en devient le précepteur, et lui offre même une maîtresse, qui sera la mère du Premier empereur.

À Handan, Lü Buwei avait pris une maîtresse très belle qui dansait admirablement bien. Elle venait de tomber enceinte quand Zichu la vit un jour où il buvait avec son précepteur. Il la trouva fort à son goût. Levant sa coupe en souhaitant longue vie à Lü Buwei, il la lui demanda. Cela mit Lü Buwei en colère, mais il se dit qu'il avait déjà réduit sa famille à la pauvreté dans l'espoir d'en tirer des bénéfices, il la lui donna. La dame cacha qu'elle était enceinte. Quand l'enfant naquit, il reçut le nom de Zheng. Zichu fit de sa mère son épouse légitime.

En 251, le roi de Qin meurt. Le prince de Anguo monte alors sur le trône de Qin ; il est le roi Xiaowen. Zichu devient alors le prince héritier. Lü Buwei a donc réussi son entreprise, d'autant que le roi Xiaowen ne règne qu'un an. Zichu montre sur le trône en 250 et nomme Lü Buwei au poste de Premier ministre. Zichu est désigné, dans les sources, sous le titre de roi Zhuangxiang. Il a, comme son père, un règne assez court.

Le roi Zhuangxiang régna trois ans. À sa mort, son fils, Zheng, encore très jeune, lui succéda[4]. Par respect

---

4. La succession a lieu en 247-246.

pour Lü Buwei, il le confirma dans ses fonctions de Premier ministre et l'appela « père secondaire ». Sa mère, quand à elle, continuait ses relations illicites avec Lü Buwei.

Sima Qian, *Mémoires historiques*, chap. 85,
Biographie de Lü Buwei

LE PRINCE DEVIENT ROI

247-235

Ying Zheng monte sur le trône de Qin à l'âge de treize ans. La régence est alors exercée par le Premier ministre Lü Buwei. Arrive alors un dénommé Li Si, qui très vite se fait remarquer dans l'entourage du marchand par ses conseils avisés. Li Si deviendra peu à peu l'éminence grise de Ying Zheng, qu'il conseillera tout au long de son règne.

État des lieux.

La quarante-huitième année du règne de Zhaoxiang de Qin[1], le premier mois, le Premier empereur naquit à Handan. À sa naissance, son nom personnel fut Zheng et son nom de famille Zhao[2]. Quand il fut âgé de treize ans[3], le roi Zhuangxiang mourut. Zheng lui succéda et devint roi de Qin. En ce temps, le territoire de Qin comprenait déjà les régions de Ba, de Shu et de Hanzhong ; il s'étendait au-delà de Wan et de Ying, où on avait

---

1. 259.
2. Le nom de famille ici est le nom de la principauté d'origine. Étant né à Handan, capitale de la principauté de Zhao, le futur Premier empereur fut donc aussi connu sous le nom de Zheng de Zhao (en chinois Zhao Zheng). Son véritable patronyme était Ying.
3. 247.

établi la commanderie de Nan. Au nord, il comprenait la commanderie de Shang et ce qui se trouvait à l'est, possédant ainsi les commanderies de Hedong, de Taiyuan et de Shangdang ; à l'est, il s'étendait jusqu'à Xingyang. Qin avait détruit les deux territoires des Zhou[4] et avait établi la commanderie de Sanchuan. Lü Buwei était Premier ministre ; il avait une dotation de dix mille foyers et son titre était celui de marquis de Wenxin. Il appelait à lui et attirait les hôtes et les aventuriers, car il voulait par leur moyen subjuguer tout le pays. Li Si était son client. Meng Ao, Wang Qi et le gouverneur Biao étaient à la tête des armées. Le roi étant jeune, et donc au début de son règne, il confia les affaires de l'État à ses hauts fonctionnaires.

> Sima Qian, *Mémoires historiques*, chap. 6,
> Annales du Premier empereur

L'idée d'Empire germe.

Lorsque Li Si arriva à Qin, le roi Zhuangxiang venait de mourir. Li Si chercha à se rapprocher du Premier ministre Lü Buwei, marquis de Wenxin. Celui-ci l'estimait et l'intégra à sa clientèle. Ainsi, Li Si eut l'occasion de s'entretenir avec le roi :

– [...] Maintenant, des feudataires sont soumis à Qin et leurs territoires sont comme de simples

---

4. Allusion à l'annexion du domaine royal des Zhou en 256.

commanderies et districts[5]. La puissance de Qin et la sagesse de Votre Majesté seront à même d'anéantir les autres feudataires aussi facilement que l'on balaye la poussière d'un fourneau. Réalisez le grand œuvre impérial, unifiez le monde. Une occasion comme celle-ci n'arrive qu'une fois en dix mille générations. Si vous la manquez, les feudataires restaureront leurs forces, formeront une ligue nord-sud, et même doté de la clairvoyance du Souverain Jaune[6], vous ne parviendrez pas à les annexer.

Le roi le promut au rang de grand scribe et prit en considération ses avis.

> Sima Qian, *Mémoires historiques*, chap. 87,
> Biographie de Li Si

La cour est à cette époque sous la coupe de Lü Buwei, mais également de Lao Ai, un « eunuque » que le marchand a introduit dans l'entourage de la reine mère.

Le roi grandissait ; les débauches de la reine mère ne s'arrêtèrent pas pour autant. Lü Buwei craignit que le secret ne s'évente et qu'il en subisse les consé-

---

5. Les commanderies sont des divisions administratives de premier ordre. Elles sont divisées en districts. Li Si dit ici que des nobles se sont soumis au royaume de Qin, qui a fait sien leurs terres.

6. Souverain légendaire de la haute Antiquité, parangon de sagesse.

quences[7]. Il s'attacha discrètement les services d'un homme, Lao Ai, qui était pourvu d'un très gros sexe. Parfois, pour s'amuser, il le faisait marcher avec une roue attachée à son pénis, afin que la reine mère l'apprenne et en soit excitée, ce qui finalement arriva. Elle voulut se l'approprier sans être découverte. Lü Buwei le lui présenta et fit faussement accuser l'homme d'un crime qui méritait la castration. En secret, il dit à la reine :

– Feignez de l'avoir fait castrer et gardez-le à votre service.

Elle soudoya grassement le fonctionnaire chargé des castrations afin qu'il fasse un faux rapport puis fit raser la barbe et les sourcils de Lao Ai pour le faire ressembler à un eunuque. Elle put ainsi le faire intégrer au personnel de son palais. Elle en fit secrètement son amant et l'aimait passionnément. Elle tomba alors enceinte. Craignant que le bruit ne se répande, elle prétendit qu'un oracle lui avait enjoint de s'isoler pendant un certain temps. Elle partit donc s'installer dans son palais à Yong[8], où Lao Ai la rejoignait souvent. Elle se montrait très généreuse avec lui et le laissait décider de tout. Il avait des milliers de serviteurs à

---

7. La reine mère était l'ancienne maîtresse de Lü Buwei. Même après la naissance de Ying Zheng, les deux étaient toujours amants. Voir p. 32-33.

8. Yong était l'ancienne capitale de Qin, située à l'ouest du pays.

son service et plus de mille personnes fréquentaient sa maison dans l'espoir d'obtenir un poste à la cour.

Sima Qian, *Mémoires historiques*, chap. 85,
biographie de Lü Buwei

La huitième année[9], [...] Lao Ai fut anobli et reçu le titre de marquis de Changxin. On lui donna le territoire de Shanyang ; il reçut l'ordre d'y demeurer. [À la cour], ce qui concernait les palais et les édifices, les chevaux et les chars, les vêtements, les jardins et les parcs, les courses et les chasses, était réglé à la fantaisie de Ai. Il n'était aucune affaire, grande ou petite, qui ne fût décidée par lui. En outre, les commanderies de Hexi et de Taiyuan furent ajoutées à ses territoires.

Sima Qian, *Mémoires historiques*, chap. 6,
Annales du Premier empereur

Lorsque le roi accède à la majorité, vers l'âge de vingt ans, il commence à purger la cour, en commençant par Lü Buwei et Lao Ai, mystérieusement dénoncés. Cela fait le bonheur de Li Si, qui devient le conseiller spécial du roi.

La neuvième année[10], Lao Ai fut dénoncé comme n'étant pas un eunuque. Ses relations illicites et secrètes avec la reine mère, desquelles naquirent deux fils, furent également dévoilées. On rapporta

9. 239.
10. 238.

aussi qu'à l'insu de tous, il aurait comploté avec elle pour qu'un de leurs fils prenne la succession du roi. Celui-ci ordonna une enquête : tout était vrai. Le scandale éclaboussa le Premier ministre Lü Buwei. Au neuvième mois, Lao Ai et toute sa famille furent exécutés, les deux fils qu'il avait eus de la reine mère furent tués et, quant à elle, elle fut assignée à résidence à Yong. La clientèle de Lao Ai fut réduite à la misère et exilée à Shu. Le roi voulait aussi condamner Lü Buwei, mais, eu égard aux services qu'il avait rendus au précédent souverain et grâce à l'intervention de nombreux feudataires et conseillers, il choisit de l'épargner. Toutefois, au dixième mois de la dixième année de son règne[11], il le destitua de sa charge de Premier ministre. Sur les conseils de Mao Jiao, un homme du royaume de Qi, il rappela sa mère à la capitale, mais il envoya Lü Buwei dans son fief de la région du Henan.

Sima Qian, *Mémoires historiques*, chap. 85,
biographie de Lü Buwei

La neuvième année, [...] le roi accéda à la majorité. Lao Ai, marquis de Changxin, fomenta une rébellion. Ayant été découvert, il contrefit le sceau personnel du roi et le sceau de la reine mère et s'en servit pour lever une armée qu'il créa en puisant dans les troupes provinciales, les gardes, la cavalerie et les clients des

11. 237.

chefs barbares Rong et Di. Il prévoyait d'attaquer le palais Qinian à Yong. Le roi l'apprit et ordonna au conseiller d'État, le prince Changping, et au prince Changwen de lever des soldats pour attaquer Lao Ai, qui fut battu et contraint, lui et son armée, à la fuite. Les combats se déroulèrent à Xianyang et plusieurs centaines de rebelles furent exécutés. Les deux princes furent promus, ainsi que les eunuques, qui avaient tous pris part au combat. Une ordonnance fut promulguée dans le royaume promettant une récompense d'un million de pièces de monnaie à qui prendrait Lao Ai vivant et cinq cent mille pièces de monnaie à qui le tuerait. Il fut finalement capturé, ainsi que tous ses complices, en tout vingt hommes, parmi lesquels le commandant de la garde Jie, le préfet de la capitale Si, le lancier Jie et le chef des conseillers du palais Qi. Tous furent décapités, eurent leurs têtes suspendues sur des perches et leurs corps écartelés entre des chars afin qu'ils servent d'exemple ; on extermina par ailleurs leurs parents et leurs clients. Ceux qui étaient moins coupables furent condamnés à recueillir le bois à brûler pour le Temple des ancêtres[12]. Plus de quatre mille familles furent dégradées et exilées à Fangling, dans la région de Shu.

Sima Qian, *Mémoires historiques*, chap. 6,
Annales du Premier empereur

---

12. Un sanctuaire où se déroulaient les sacrifices officiels aux ancêtres du clan royal.

Liu Xiang nous donne quelques détails sur l'affaire Lao Ai, la colère qu'elle engendra chez le roi et l'intercession du courageux Mao Jiao pour rappeler à la cour la reine mère.

La mère du Premier empereur avait une mauvaise conduite. Elle entretenait des relations illicites avec l'eunuque Lao Ai. Elle le fit nommer marquis de Changxin et lui donna deux fils. Ai s'appropriait les affaires de l'État et se livrait chaque jour un peu plus à la débauche. Avec divers serviteurs, courtisans ou ministres, il jouait et buvait jusqu'à l'ivresse. Lorsqu'une dispute éclatait, il hurlait :

– Je suis le beau-père du roi ! Comment osez-vous vous en prendre à moi ?

Un jour, on divulgua ces faits au souverain, ce qui provoqua sa colère. Lao Ai eut peur d'être puni. Il provoqua alors une insurrection et attaqua les palais royaux de Xianyang. Il fut finalement vaincu et capturé. Le roi ordonna qu'il soit écartelé et que ses deux demi-frères soient battus à mort. Il plaça la reine mère en résidence surveillée dans le palais de Fuyang, et publia l'ordonnance suivante : « Quiconque osera me critiquer sur cette affaire sera mis à mort. On arrachera sa colonne vertébrale, on le démembrera et ses restes seront exposés devant le palais ! » Vingt-sept personnes venues faire des remontrances au souverain furent exécutées.

Un homme du pays de Qi nommé Mao Jiao demanda une audience afin de lui adresser des remontrances. Le souverain lui envoya des serviteurs pour savoir s'il souhaitait évoquer l'affaire de la reine mère. Mao Jiao leur répondit positivement.

— Retournez auprès de cet homme, dit le roi, et assurez-vous qu'il a bien vu l'amoncellement de cadavres au pied des marches du palais.

Les serviteurs retournèrent parler à Mao Jiao, qui leur répondit :

— Il y a vingt-huit constellations dans le ciel. Vingt-sept personnes ont été exécutées à ce jour. Je viens simplement compléter le nombre. Je ne crains pas la mort. Dites-le au roi.

À ces mots, les domestiques qui accompagnaient Mao Jiao décampèrent. On rapporta les propos au roi, qui, furieux, déclara :

— Cet énergumène vient à dessein braver mes interdits ! Faites chauffez un chaudron que je l'ébouillante vivant ; il n'y a nul besoin d'ajouter son cadavre au monticule. Allez, faites-le entrer.

Le roi ceignit son épée et s'assit. La bave lui coulait de la bouche. Les serviteurs revinrent avec Mao Jiao, qui, marchant tout doucement, refusait d'accélérer le pas. Les serviteurs le pressèrent d'aller plus vite, ce à quoi Mao Jiao répondit, afin de les émouvoir :

— Je vais à la mort. Vous ne pensez tout de même pas que je vais courir ?

Arrivé devant le souverain, Mao Jiao se prosterna deux fois, puis déclara :

– Les Anciens nous ont enseigné que quiconque vit doit se rappeler qu'il est mortel ; quiconque règne doit se rappeler que le trône est fragile. Quiconque oublie qu'il est mortel est près de la mort ; quiconque oublie la fragilité du trône est près d'en tomber. Un souverain éclairé désire de tout son cœur entendre les principes sur la vie, la mort, la conservation et la perte du trône. Est-ce que Votre Majesté souhaite aussi les entendre ?

Le roi répondit :

– De quoi voulez-vous parler ?

– Votre Majesté a eu une conduite déraisonnable, ne le sait-elle pas ? dit Mao Jiao.

– En quoi fut-elle déraisonnable ? J'aimerais vous entendre, dit le roi.

Mao Jiao continua :

– Vous avez fait écarteler votre beau-père. Par là, vous êtes d'un naturel jaloux. Vous avez fait battre à mort vos deux demi-frères ; c'est une marque de désamour. Vous avez exilé votre mère ; c'est la preuve de votre manque de piété filiale. En massacrant tous ceux qui voulaient vous ramener à des sentiments plus humains, vous avez surpassé en cruauté les tyrans Jie et Zhòu[13]. De tels faits sont maintenant connus

---

13. Deux tyrans légendaires de la haute Antiquité. Jie est le dernier souverain de la dynastie Xia ; Zhòu, le dernier de celle des Shang. Selon la tradition, c'est leur cruauté qui a entraîné la chute de chacune de leur dynastie.

dans toute la Chine. Personne ne tournera plus ses regards vers Qin[14]. J'ai peur des dangers qui vous menacent. Voilà tout ce que j'ai à dire. Maintenant, je peux subir mon châtiment.

Sur ce, il ôta ses habits et s'approcha du chaudron. Le souverain descendit alors les marches conduisant à son trône. Il prit Mao Jiao par la main, et, de l'autre, fit un signe à l'assemblée, puis déclara :

– Rhabillez-vous ; je vous gracie. Je vais appliquer vos conseils.

Le roi fit préparer un cortège de mille cavaliers. Il en prit la tête et alla chercher la reine mère au palais de Fuyang pour la ramener à la capitale Xianyang. Mao Jiao reçut le titre honorifique de « père secondaire » et fut promu ministre.

Liu Xiang, *Jardin d'anecdotes*, chap. 9

Lü Buwei échappe à la mort lors des purges qui suivent l'insurrection de Lao Ai, mais pour éviter une disgrâce trop infamante, il préfère se suicider.

Comme les nobles et les courtisans se pressaient pour aller rendre visite à Lü Buwei, le roi craignit qu'il ne se rebelle. Il lui envoya une lettre où il lui disait ceci : « Vous n'avez aucune mérite concernant Qin. Vous avez pourtant reçu un fief de cent mille foyers au Henan. Vous n'avez aucun lien de parenté avec la

---

14. C'est-à-dire personne ne se soumettra à l'autorité de Qin.

famille royale. Vous portez toutefois le titre de "père secondaire". Je vous ordonne d'aller avec votre famille résider à Shu[15]. » Lü Buwei jugea que toute résistance le conduirait à l'exécution. Il préféra se donner la mort avec du poison. Puisque Lü Buwei et Lao Ai, les deux hommes ayant suscité sa colère, étaient maintenant décédés, le roi rappela de Shu la clientèle de Lao Ai.

Sima Qian, *Mémoires historiques*, chap. 85,
Biographie de Lü Buwei

La douzième année[16], Lü Buwei mourut. On lui fit des funérailles furtives. Parmi ceux de ses clients qui prirent le deuil pour lui, ceux originaires des royaumes de Wei, de Han ou de Zhao furent expulsés hors du royaume. Ceux qui étaient de Qin, s'ils avaient des émoluments de six cents mesures de grain ou plus, se virent dégradés et déportés. Ceux ayant des émoluments de cinq cents mesures ou moins furent considérés comme n'ayant pas pris le deuil, et furent déportés sans déchéance. À partir de ce moment, lorsque le cas se présenta de gens qui, comme Lao Ai et Lü Buwei, avaient dirigé les affaires de l'État contrairement à la justice, on dressa la liste de leur clientèle en prenant modèle sur ce précédent.

Sima Qian, *Mémoires historiques*, chap. 6,
Annales du Premier empereur

15. C'est un bannissement.
16. 235.

LA MORT
DU PHILOSOPHE HAN FEI

233-228

Ying Zheng, roi de Qin, s'apprête à lancer une campagne militaire contre le pays de Han. En 233, le philosophe légiste Han Fei, condisciple de Li Si, vient voir le roi et plaide la cause du Han, son pays. Sur le conseil de Li Si, le roi retient Han Fei prisonnier ; il mourra dans les geôles de Qin. Pourtant, le roi appréciait Han Fei, dont il avait lu quelques essais.

Han Fei était spécialiste en matière de lois et de châtiments. Ayant été le témoin de l'affaiblissement de son royaume, celui de Han, il envoya à de nombreuses reprises des mémoires au trône, mais le souverain refusa d'entendre ses conseils. Han Fei fut très peiné de voir le pays administré non par des sages mais par des parasites[1] dépravés, élevés au rang de héros. Il voyait qu'en temps de paix, les gens connus tenaient le haut du pavé ; on ne se tournait

---

1. Allusions à un essai de Han Fei intitulé « Les cinq vermines », dans lequel il dénonce la menace représentée par cinq groupes humains : les confucianistes, les sophistes itinérants, les bretteurs, les marchands et tous ceux qui échappent aux corvées d'État.

vers les soldats qu'en temps de guerre. Finalement, on n'employait pas les gens qu'on formait, et l'on ne formait pas ceux que l'on employait. Han Fei s'attrista en outre que les justes ne trouvassent pas grâce aux yeux des ministres corrompus. Il se pencha sur les réussites et les échecs des politiques passées et rédigea cinquante six essais, parmi lesquels « Rage d'un solitaire », « Les cinq vermines », « Charades intérieures et extérieures », « Forêt des anecdotes » et « Les écueils de la rhétorique ».

Sima Guang, *Miroir général pour aider à gouverner*, chap. 6

On avait diffusé les écrits de Han Fei à Qin. À la lecture des essais « Les cinq vermines » et « Rage d'un solitaire », le roi de Qin s'exclama :

— Ah ! Si je pouvais rencontrer l'auteur et m'entretenir avec lui, je mourrais sans regret.

Li Si dit :

— L'auteur de ces essais s'appelle Han Fei.

Le roi décida alors d'attaquer rapidement le Han[2]. Le souverain de ce pays n'avait jamais employé Han Fei, mais, dans l'urgence de la situation, il l'envoya en ambassade à Qin. Han Fei plut beaucoup au roi. Mais, alors que ce dernier ne lui avait pas encore donné de charge, Li Si et Yao Jia, souhaitant détruire sa réputation, conseillèrent le souverain en ces termes :

---

2. Probablement afin de capturer Han Fei.

– Han Fei est un noble de la maison ducale de Han. Or, votre souhait est d'annexer tous les feudataires. Han Fei aidera son pays, et ne se soumettra jamais à Qin ; la nature humaine est ainsi faite. Si vous n'employez pas Han Fei, que vous le laissez vivre ici un moment, puis que vous lui permettez de rentrer chez lui, il sera une menace. Mieux vaudrait l'exécuter en prétextant la loi.

Le roi de Qin agréa le conseil et renvoya Han Fei devant les tribunaux. Li Si lui fit porter du poison pour qu'il se suicide. Han Fei voulut s'expliquer devant le roi mais n'en eut pas l'occasion. Le roi regretta sa décision et envoya des gens libérer Han Fei. Ils arrivèrent trop tard, l'homme était déjà mort.

Sima Qian, *Mémoires historiques*, chap. 63,
Biographie de Han Fei

Une autre version de cette rencontre nous est donnée par l'historien Sima Guang.

Le roi de Qin, ayant entendu parler de la sagesse de Han Fei, souhaitait le rencontrer. Han Fei, qui alla à Qin dans le cadre d'une ambassade officielle, en profita pour envoyer un mémoire au roi :

« Vous disposez avec le royaume de Qin d'un territoire qui fait mille lieues de côté, vous pouvez aligner une armée d'un millions de soldats. De par le monde, aucun royaume n'égale le Qin dans l'efficacité de ses lois. Majesté, j'aimerais, fût-ce au péril de ma vie, vous entretenir en audience particulière des moyens de briser la coalition qui vous menace. Si, après avoir écouté mes conseils, vous ne parveniez pas, en une seule opération, à défaire la coalition, à vous emparer du Zhao, à détruire le Han, à asservir le Chu et le Wei, à attirer dans votre orbite le Qi et le Yan, si donc vous ne vous gagniez pas le nom glorieux d'hégémon[3] et si les feudataires des quatre orients ne venaient pas faire allégeance, mettez-moi à mort afin de faire un exemple, car j'aurais failli à Votre Majesté en lui soumettant ce plan[4] ! »

Sima Guang, Miroir général pour aider
à gouverner, chap. 6

La stratégie que Han Fei proposa au roi de Qin a été conservée parmi ses écrits, sous la forme d'un essai intitulé « Plaidoyer en faveur du Han ». Contrairement à ce qu'il disait dans le mémoire envoyé au roi de Qin, il conseillait d'épargner le Han et de concentrer toutes les attaques de Qin sur le Zhao, qui risquait de prendre la tête d'une coalition.

Le Han est au service du Qin depuis plus de trente ans. En temps de guerre, il a fait office de rempart ; en temps de paix, il lui a servi de natte. Ainsi, chaque fois que le Qin a envoyé ses troupes de choc à l'assaut, le Han a été à ses côtés et a subi le ressentiment général.

---

3. Chef militaire et politique.
4. Ce passage est extrait d'un essai du *Hanfeizi* intitulé « Première entrevue avec le roi de Qin ».

Le Qin est pourtant le seul à se couvrir de gloire. Plus encore, comme le Han paie tribut, il ne diffère en rien d'une simple circonscription administrative. Récemment, j'ai appris votre projet : vous préparez vos soldats pour attaquer Han. Or, c'est le Zhao qui rassemble des troupes et lève des armées dans l'intention de fédérer les soldats du monde sous le Ciel. [...] Le Zhao complote avec les autres feudataires depuis longtemps. Ce serait une catastrophe pour le Qin d'être défait par les ennemis dès le premier engagement. Ce serait un grand risque d'exciter leur suspicion. Ce n'est pas en vous exposant ainsi que vous dominerez les feudataires. Je vous prie donc de bien vouloir réfléchir aux conséquences. Une expédition contre le Han sera exploitée par la coalition, et il sera trop tard pour des regrets.

Hanfeizi, chap. 2, « Plaidoyer en faveur du Han »

Débarrassé de Han Fei, Li Si ne craint plus personne à la cour. Il restera le conseiller spécial du roi jusqu'à sa mort et sera l'architecte de ses réussites, et aussi de ses excès. Son premier objectif est militaire : annexer les six autres États qui se partagent le territoire chinois. Le premier à être annexé est le Han.

La dix-septième année[5], Teng, préfet de la capitale, attaqua Han. Il s'empara du roi An et prit tout

5. 230.

son territoire. On en fit une commanderie qui reçut le nom de Yingchuan. Il y eut un tremblement de terre. La reine douairière, dame Huayang[6], mourut. Le peuple souffrit fort de la faim.

> Sima Qian, *Mémoires historiques*, chap. 6,
> Annales du Premier empereur

Le deuxième est le Zhao, pays où naquit et grandit le Premier empereur.

La dix-neuvième année[7], Wang Jian et Qiang Hui soumirent et prirent tout le territoire de Zhao. À Dongyang, ils s'emparèrent du roi de Zhao. Ils emmenèrent leurs soldats, et, comme ils désiraient attaquer le Yan, ils prirent leurs quartiers à Zhongshan[8]. Le roi de Qin entra dans Handan[9]. Tous ceux qui s'étaient montrés hostiles à la mère du roi lorsque celui-ci était détenu en otage à Zhao furent exterminés. Le roi retourna à Qin en passant par les commanderies de Taiyuan et de Shang. La reine mère mourut.

Jia, de la famille ducale de Zhao, se mit à la tête de quelques centaines d'hommes de son clan et se rendit dans le territoire de Dai. Il s'y proclama roi

---

6. Il s'agit de l'épouse du roi Xiaowen, le grand-père du Premier empereur.

7. 228.

8. Un royaume situé entre le Zhao et le Yan.

9. Capitale de Zhao.

de Dai. À l'est, il réunit son armée à celle de Yan et campa à Shanggu. Il y eut une grande famine.

> Sima Qian, *Mémoires historiques*, chap. 6,
> Annales du Premier empereur

Les autres royaumes (Yan, Wei, Chu et Qi) seront conquis par le roi de Qin en moins de dix ans.

TENTATIVES D'ASSASSINAT
ET CONQUÊTE DE YAN

227-222

Les principautés de Han et de Zhao annexées, Qin est désormais limitrophe de celle de Yan.

La vingtième année[1], Dan, héritier présomptif de Yan, tourmenté de ce que les soldats de Qin étaient arrivés jusqu'à son royaume, eut peur et chargea Jing Ke d'assassiner le roi de Qin. Le roi de Qin découvrit le complot ; il coupa en morceaux Jing Ke afin de faire un exemple, puis il envoya Wang Jian et Xin Sheng attaquer Yan. Yan et Dai firent avancer leurs soldats pour attaquer l'armée de Qin. L'armée de Qin battit Yan à l'ouest de la rivière Yi.

Sima Qian, *Mémoires historiques*, chap. 6,
Annales du Premier empereur

Les dessous de la tentative d'assassinat du roi de Qin nous sont racontés dans la biographie de Jing Ke, un mercenaire de grand renom.

Le prince héritier Dan avait été otage à Qin, puis s'était enfui et était retourné à Yan. Par le passé, il avait

1. 227.

été otage à Zhao. Le roi de Qin, Zheng, y était né et Dan s'était bien entendu avec lui dans leur jeunesse. Lorsque Zheng monta sur le trône, il ne traita pas bien Dan, devenu otage à Qin. C'est pourquoi Dan, plein de rancœur, s'était enfui. Il cherchait à se venger de Qin, mais son pays était petit et faible. Par ailleurs, Qin envoyait chaque jour plus de soldats dans les régions de l'est, à l'assaut des royaumes de Qi, de Chu, de Han, de Wei et de Zhao. Peu à peu, il dépossédait les feudataires ; et un jour, il parviendrait à Yan. Cela, le souverain et les ministres de Yan le craignaient.

Le prince héritier Dan fait donc appel à Jing Ke pour assassiner le Premier empereur. La question est de savoir comment l'approcher. Or, il se trouve qu'un général de Qin, Fan Yuqi, est passé à Yan ; sa tête est mise à prix par le roi de Qin.

Jing Ke dit :

– [...] Si je pars dès maintenant à Qin sans gage de confiance, je ne pourrai jamais m'approcher du souverain. Le roi offre une belle somme et des terres pour quiconque lui rapportera le général Fan. Si je lui offre la tête de ce général ainsi que la carte de la région de Dukang[2], alors le roi sera heureux de me rencontrer, et j'aurai l'occasion de vous venger.

2. Offrir une carte d'une région symbolise la reddition de la région en question. Dukang était une préfecture stratégique du pays de Yan.

Le prince Dan accepte la proposition de Jing Ke. De lui-même, le général Fan se suicide afin d'aider Jing Ke à mener à bien sa mission. L'assassin place la tête du général dans un coffret. Dans la carte enroulée est caché un poignard. Jing Ke se rend à Qin, accompagné d'un complice, Qin Wuyang. On annonce leur arrivée au roi.

— Le roi de Yan, tremblant d'effroi devant la puissance de Votre Majesté, n'ose lancer ses armées et se rebeller contre nos troupes. Il demande que son État devienne vassal de Qin et qu'il soit compté parmi les autres feudataires soumis. Il livrera tribut et assurera les corvées comme les autres circonscriptions. Il espère ainsi pouvoir continuer à sacrifier à ses aïeux dans son Temple des ancêtres. Par peur, il n'a osé venir s'expliquer en personne, mais a fait respectueusement parvenir la tête de Fan Yuqi qu'il a placée dans un coffret scellé. Il offre également la carte du territoire de Dukang. Depuis ses palais, le roi de Yan vous présente ses hommages respectueux. Il a envoyé des émissaires porter la nouvelle à Votre Majesté. Ils attendent vos ordres.

Le roi de Qin fut extrêmement heureux d'entendre cela. Il revêtit son costume d'apparat et fit organiser une réception officielle. Il reçut les envoyés de Yan dans le palais de Xianyang. Jing Ke devait remettre le coffret contenant la tête de Fan Yuqi, Qin Wuyang, quant à lui, était chargé de la carte. Ils s'avancèrent pas à pas ; mais, arrivé au bas des marches du trône,

Qin Wuyang devint soudainement blême et se mit à vaciller de peur. La cour le regarda avec suspicion. Jing Ke se retourna, railla Wuyang puis s'avança en présentant des excuses :

– Cet homme est un rustique des contrées barbares du Nord. Il n'a jamais vu le fils du Ciel, d'où ses tremblements. Je prie Votre Majesté de le pardonner. Laissez-moi m'avancer pour que je puisse achever notre mission.

Le roi dit alors à Jing Ke :

– Prenez la carte que porte Wuyang.

Ke se saisit alors de la carte et la tendit au roi, qui la déroula, laissant apparaître un poignard. Ke attrapa une manche du roi d'une main et prit le poignard de l'autre. Il ne parvint pas à atteindre le roi, qui donna l'alarme. Le souverain bondit de son trône, et la manche se déchira. Il attrapa son épée mais elle refusait de sortir du fourreau. Le roi paniqua. Sa position ne lui permettait pas de tirer correctement l'épée, qui était placée verticalement. Jing Ke était à nouveau sur lui ; le roi esquiva l'attaque en tournant autour d'un pilier. Dans la salle régnait la stupéfaction. Personne ne savait que faire ; on commençait à perdre son calme. Par ailleurs, d'après la loi de Qin, nul ne devait porter d'arme en salle d'audience.

Les gardes étaient dans les salles du bas, et, sans ordre explicite du souverain, ils ne pouvaient monter dans la salle du trône. Dans la panique, le roi n'eut pas le temps de donner cet ordre. Jing Ke continua donc ses assauts. N'ayant aucune arme, le roi, dans la confusion, n'avait d'autre choix que de se défendre avec les mains. À cet instant, le médecin Xia Wuju jeta sa trousse sur Jing Ke. Mais le roi continuait à tourner autour du pilier, ne sachant que faire d'autre.

— Prenez l'épée ! lui dit-on.

Il parvint à la dégainer et blessa son assaillant à la cuisse gauche. Jing Ke s'effondra et lança son poignard qui alla se planter sur un pilier. Il avait manqué sa cible. Le roi assaillit Jing Ke et le blessa à huit reprises. L'assassin réalisa alors que sa mission avait échoué. Il se traîna jusqu'au pilier, vociférant et maudissant le souverain :

— Si j'ai échoué, c'est parce que je voulais te prendre vivant et te forcer à signer un traité avec le prince Dan.

Les gardes s'avancèrent et l'achevèrent.

Dans sa rage, le roi de Qin envoya encore plus de soldats rejoindre les troupes en cantonnement à Zhao. Il ordonna au général Wang Jian de lancer une attaque contre Yan. Dix mois plus tard, Ji, la capitale, était prise.

Sima Qian, *Mémoires historiques*, chap. 86,
Biographie de Jing Ke

Dans ses écrits, le philosophe rationaliste Wang Chong (vers 27-100 ap. J.-.C) mentionne cette tentative d'assassinat et met en cause la façon dont certains confucianistes l'ont racontée. Il offre ici une leçon de critique historique et textuelle.

Les écrits des lettrés confucianistes[3] racontent que Jing Ke tenta d'assassiner le roi de Qin pour le compte du prince de Yan. Il l'attaqua avec un poignard, mais ne parvint pas à le toucher. Le roi de Qin dégaina son épée et contre-attaqua. Jing Ke lança alors son poignard sur le roi, mais le rata. L'arme vint se planter sur une colonne en bronze et s'enfonça profondément.

Ce que les confucianistes veulent dire ici, c'est que le poignard était très effilé, que Jing Ke était puissant, et qu'il lança son arme de toutes ses forces, si bien que celle-ci put se planter dans une colonne faite de métal. En voulant exalter le courage de Jing Ke, on a exagéré les faits. Il est vrai que le poignard se planta dans la colonne ; mais il est exagéré de dire qu'il s'y est enfoncé profondément. Certes le bronze de la colonne était moins dur que le tranchant du poignard, mais celui-ci a dû s'enfoncer de quelques pouces seulement, et non profondément.

Wang Chong, *Discussions critiques*, chap. 26

---

3. On ne sait pas à quel texte précis fait référence Wang Chong. Ce n'est probablement pas les *Mémoires historiques* de Sima Qian ; cette source, en effet, n'indique pas explicitement que le poignard s'enfonça profondément dans la colonne de métal.

Le royaume de Yan est finalement annexé en 222.

La vingt-cinquième année, on fit une grande levée de soldats. Wang Ben fut mis à leur tête et fut chargé d'attaquer Yan dans le Liaodong. Il captura le roi Xi. À son retour, il attaqua le royaume de Dai et fit prisonnier son roi, Jia. Wang Jian pacifia alors la partie de la région de Jing qui était au sud du fleuve Bleu[4] ; il soumit les princes de Yue et établit la commanderie de Kuaiji. Le cinquième mois, on célébra un grand banquet dans tout le pays.

Sima Qian, *Mémoires historiques*, chap. 6,
Annales du Premier empereur

En 221, à la création de l'Empire, un ancien complice de Jing Ke tente lui aussi d'assassiner Ying Zheng, devenu le Premier empereur.

Lorsqu'il unifia le monde et prit le titre impérial, le Premier empereur fit rechercher les complices du prince Dan et de Jing Ke, qui s'étaient tous enfuis. L'un d'eux, Gao Jianli, changea de nom et, pour se cacher, se fit engager comme serviteur dans la ville de Songzi, où il mena pendant quelque temps une vie difficile[5]. Chaque fois qu'il entendait un hôte de

---

4. C'est de la conquête du royaume de Chu dont il est question ici. Chu fut annexé à peu près au même moment que Yan.

5. Gao Jianli était un noble à l'origine. Cet exil volontaire était infamant.

la famille jouer de la cithare dans la salle de réception, il s'attardait, ne pouvant se résoudre à quitter la pièce. Une fois le concert terminé, il prononçait souvent un jugement sur l'interprétation. Un jour, un serviteur rapporta cela au maître :

— Le domestique Gao Jianli doit bien s'y connaître en musique car secrètement, il fait des commentaires.

Le maître de maison demanda alors à Gao Jianli de faire une démonstration de ses talents de cithariste. Il fut loué par toute l'assemblée et l'on se pressa de le gratifier de vin. Soudainement, il se mit à penser qu'il aurait encore à vivre longtemps terré ainsi dans la pauvreté. Il se retira et alla chercher la cithare et les beaux vêtements qu'il dissimulait dans une trousse. Il se rendit présentable, puis revint devant l'assemblée. Les gens furent stupéfaits, puis descendirent de leur siège pour lui rendre les hommages appropriés. Ils le traitèrent alors en hôte de marque et lui demandèrent de jouer à nouveau et de chanter. Ils repartirent tous émus au point d'en pleurer.

Gao Jianli fut invité chez les uns et chez les autres dans la ville. La nouvelle parvint aux oreilles du Premier empereur, qui le convoqua en audience. Quelqu'un, qui connaissait le musicien, s'exclama alors :

— C'est Gao Jianli !

L'empereur, incapable de se résoudre à tuer un artiste si talentueux, le gracia, mais lui fit crever les yeux. Quand il le faisait jouer, il ne manquait jamais de faire son éloge. Aussi, graduellement, Gao Jianli fut-il autorisé à se rapprocher du souverain. Un jour, le musicien cacha une lourde pièce de plomb dans son instrument, et, au moment de jouer, il le souleva pour frapper l'empereur. Il manqua sa cible et fut exécuté sur-le-champ. Dès lors, le souverain n'autorisa plus aucun fidèle des anciens feudataires à l'approcher.

Sima Qian, *Mémoires historiques*, chap. 86,
Biographie de Jing Ke

La dernière tentative d'assassinat du Premier empereur eut lieu en 218.

La vingt-neuvième année, le Premier empereur fit une tournée dans l'est. Arrivé à Bolangsha, dans la préfecture de Yangwu, des brigands lui causèrent une frayeur. On recherdha les malfaiteurs sans pouvoir les trouver. On ordonna alors dans tout le pays une grande enquête pendant dix jours.

Sima Qian, *Mémoires historiques*, chap. 6,
Annales du Premier empereur

Les détails de l'affaire nous sont donnés dans la bio-graphie du principal comploteur, Zhang Liang.

Zhang Liang se rendit à Huaiyang pour y apprendre les rites. Il y rencontra le seigneur de Canghai, qui lui fournit des guerriers valeureux. Zhang Liang se fit faire une lance en métal dont le poids dépassait cent vingt livres. Lorsque l'empereur fit une tournée d'inspection dans l'est, Zhang Liang et ses hommes lui tendirent une embuscade à Bolangsha, mais attaquèrent un char d'escorte au lieu de celui du souverain. L'empereur entra dans une grande colère et fit immédiatement rechercher les rebelles dans tout l'Empire, espérant mettre la main sur Zhang Liang. Celui-ci se réfugia à Xiapei où il demeura introuvable.

Sima Qian, *Mémoires historiques*, chap. 55,
Maison héréditaire du marquis de Liu

LA CONQUÊTE DES DERNIERS ROYAUMES : WEI, CHU ET QI

225-221

L'État de Wei est annexé en 225.

La vingt-deuxième année, Wang Ben attaqua Wei. Il amena une dérivation du fleuve Jaune pour inonder Daliang, la capitale de Wei. Le rempart s'effondra. Le roi de Wei fit sa soumission à Qin. Son territoire fut annexé.

> Sima Qian, *Mémoires historiques*,
> chap. 6, Annales du Premier empereur

C'est ensuite au tour de Chu, un puissant État du Sud, seul capable de rivaliser avec Qin.

La vingt-troisième année[1], le roi de Qin convoqua de nouveau le général Wang Jian et insista pour qu'il conduise les troupes. Il l'envoya attaquer Chu. Wang Jian s'empara des territoires au sud de Chen et arriva jusqu'à Pingyu. Il fit prisonnier le roi de Chu. Le roi de Qin fit alors une tournée et se rendit jusqu'à Ying[2] et à Chen. Un général de Chu, Xiang

---

1. 224.
2. Ying est la capitale de Chu.

Yan, proclama le prince Changping roi de Chu.
Il se révolta contre Qin au sud du fleuve Huai. La
vingt-quatrième année[3], Wang Jian et Meng Wu
attaquèrent Chu et défirent son armée. Le prince
Changping périt et Xiang Yan se suicida.

Sima Qian, *Mémoires historiques*, chap. 6,
Annales du Premier empereur

Qui était le général Wang Jian ?

Quand le roi de Qin eut annexé Han, Wei et Zhao,
il mit en déroute le roi de Yan et, à plusieurs reprises, il défit les armées de Chu. Li Xin, un général de
Qin jeune et valeureux, s'était illustré en capturant
le prince Dan de Yan qu'il avait poursuivi avec son
armée de plusieurs milliers de soldats jusqu'à la rivière
Yan. Le roi de Qin, qui appréciait l'intelligence et
le courage de Li Xin, lui demanda :

– Je souhaite m'emparer de Chu. À combien
évaluez-vous le nombre de soldats nécessaires ?

– Deux cent mille devraient être suffisants, répondit le général.

Le roi de Qin posa la même question à Wang
Jian. Ce dernier affirma qu'il en fallait au moins six
cent mille. Le roi s'exclama alors :

– Le général Wang se fait vieux, il me paraît bien
timoré ! Li est dans la force de l'âge ; c'est à lui que
j'accorderai ma confiance.

3. 223.

Le roi envoya alors Li Xin et Meng Tian à la tête d'une armée de deux cent mille hommes attaquer Chu.

Cette première campagne est un échec. Les troupes de Qin sont repoussées par les puissantes armées de Chu.

Le roi devint furieux lorsqu'il apprit la défaite. Il se rendit en personne à Pinyang[4] et s'excusa auprès de Wang Jian :

— Parce que je n'ai pas su profiter de vos conseils, nos armées ont été humiliées par Li Xin. Les armées de Chu avancent vers l'est. Vous êtes mal-en-point, mais pourriez-vous m'abandonner à mon sort ?

Wang Jian déclina l'offre :

— Je suis vieux, malade et je perds un peu la tête. Que Votre Majesté choisisse un autre général.

Le roi objecta :

— C'en est assez ! Cessez de refuser !

Wang Jian dit alors :

— Si Votre Majesté insiste. Cependant, je ne partirai pas sans six cent mille soldats.

— Cette fois, j'écouterai vos conseils ! rétorqua le roi.

Wang Jian prit alors la tête d'une armée de six cent mille hommes. Le roi l'accompagna en personne jusqu'à Bashang. Sur le point de partir, le général

---

4. Lieu où s'était retiré Wang Jian, prétextant la maladie.

demanda au roi de lui octroyer champs, résidences, jardins et étangs. Le roi lui répondit :

– Partez-donc en campagne ! Vous vous souciez à ce point de demeurer dans la pauvreté ?

– Je suis votre général et j'ai gagné de nombreuses batailles pour vous, mais je n'ai jamais reçu de récompenses appropriées. Votre Majesté s'est tournée vers moi pour cette guerre, alors j'en profite pour lui demander des terres que je pourrai transmettre à ma postérité.

Le roi éclata de rire. Lorsque Wang Jian parvint à Guankou, par cinq fois il envoya des émissaires au roi lui demander de lui accorder des champs fertiles. Quelqu'un critiqua le général et ses demandes exagérées. Il s'en expliqua ainsi :

– Le roi de Qin est une personne violente et méfiante. Or, il m'a confié toutes ses armées, laissant son pays sans défense. Si je ne demande pas des terres pour moi et ma descendance afin de prouver ma loyauté, le roi ne risque-t-il pas de douter de celle-ci ?

Wang Jian attaqua donc Chu en lieu et place de Li Xin. Chu, voyant l'immense armée de Qin avancer, mobilisa toutes ses troupes. Wang Jian parvint à Chu, et établit un cantonnement qu'il fit fortifier. Il laissa ses armées à l'intérieur et refusait tout combat avec l'ennemi. Il comblait ses soldats de faveurs, les nourrissaient des mets les plus fins et prenait même ses repas avec eux. Un jour, il voulut savoir comment les hommes passaient leur temps. On lui répondit :

– Ils s'entraînent au jet de pierres et au saut d'obstacles.

– Ils sont prêts, dit alors le général.

Chu, qui avait plusieurs fois vainement tenté d'attaquer le camp retranché, avait déplacé ses troupes à l'est. Wang Jian lança ses hommes, et, grâce aux plus valeureux d'entre eux, il infligea une grande défaite aux armées ennemies. À Ji, il décapita le général Xiang Yan ; les troupes de ce dernier prirent alors la fuite. Qin prit possession des territoires de Chu. L'année d'après, le roi Fuchu fut capturé ; son royaume devint une province de Qin.

Sima Qian, Mémoires historiques, chap. 73,
Biographie de Wang Jian

Qi est le dernier royaume à être conquis par l'État de Qin. Il est annexé en 221. Cette date hautement symbolique marque l'unification territoriale de la Chine et la création de l'Empire. Elle est suivie par de nombreuses réformes.

La vingt-sixième année, le roi de Qi, Jian, et son Premier ministre, Hou Sheng, envoyèrent des soldats protéger leur frontière de l'ouest et empêcher les troupes de Qin de passer. Le roi de Qin envoya alors son général Wang Ben attaquer le roi Jian en passant par le sud de l'ancien royaume de Yan.

Wang Ben parvint à le capturer. Ce fut alors que, pour la première fois, Qin posséda tout le monde sous le Ciel.

Sima Qian, *Mémoires historiques*, chap. 6,
Annales du Premier empereur

221

Après avoir vaincu Qi et unifié le territoire, le roi de Qin s'adresse à la cour sur la nécessaire récompense à trouver à ses succès ininterrompus.

– Autrefois le roi de Han m'a remis son territoire et m'a offert son sceau en me demandant d'être mon vassal. Ensuite il a violé le pacte : il a formé avec Zhao et Wei une ligue du nord au sud et s'est révolté contre Qin. C'est pourquoi j'ai levé des soldats, j'ai puni de mort ces rebelles et j'ai fait prisonnier leur roi. J'estimais que c'était un résultat excellent et que peut-être j'en aurais fini avec la guerre.

Le roi de Zhao envoya son conseiller Li Mu, qui vint conclure un traité. Aussi lui rendis-je le fils qu'il m'avait donné en otage ; mais ensuite il a violé le traité. Il a soulevé Taiyuan, une région qui était mienne. J'ai alors levé des soldats, puni de mort ces rebelles et me suis emparé de leur roi. Le fils de la maison ducale de Zhao, Jia, s'est alors nommé lui-même roi de Dai. C'est pourquoi j'ai fait partir des soldats qui l'ont attaqué et l'ont anéanti.

Le roi de Wei s'était d'abord engagé à se soumettre et à se rattacher à Qin ; puis il a comploté avec Han et Zhao pour attaquer Qin par surprise. Les soldats et les officiers de Qin l'ont puni de mort et l'ont aussitôt écrasé.

Le roi de Chu m'avait offert le territoire situé à l'ouest de Qingyang ; puis il a violé le pacte. Il a attaqué notre commanderie de Nan. Alors, j'ai envoyé mes soldats punir de mort ces rebelles ; je me suis emparé de leur roi et me suis assuré de son territoire de Chu.

Le roi de Yan, dans son aveuglement, a provoqué des troubles ; son héritier présomptif Dan a chargé secrètement Jing Ke de m'assassiner ; mes soldats et mes officiers l'ont puni de mort et ont anéanti son royaume.

Le roi de Qi, suivant le conseil de Hou Sheng, a rompu les relations diplomatiques avec Qin et a voulu susciter des troubles. Mes soldats et mes officiers ont puni de mort ces rebelles et ont fait prisonnier leur roi. J'ai ainsi pacifié le territoire de Qi.

Moi donc, avec ma faible personne, j'ai levé des soldats qui ont puni de mort les cruels et les rebelles. M'appuyant sur les esprits du Temple des ancêtres, j'ai fait en sorte que les six rois subissent tous la peine de leurs crimes. Le monde sous le Ciel a été entièrement pacifié. Maintenant, si le titre royal dont on m'appelle n'est pas changé, il n'y aura rien qui soit en proportion de mon mérite accompli et qui le transmette à la postérité. Délibérez donc sur un nouveau titre.

Les conseillers dirent alors :

— Dans l'Antiquité, le territoire des Cinq Souverains était un carré de mille lieues de côté ; en dehors de ce territoire se trouvaient les domaines des feudataires et les domaines des barbares. Les feudataires tantôt venaient rendre hommage et tantôt s'en dispensaient. Le fils du Ciel était incapable de leur imposer une règle. Maintenant Votre Majesté a levé les soldats de la justice. Elle a puni de mort les oppresseurs et les brigands. Elle a pacifié le monde sous le Ciel. L'intérieur des mers a été organisé en commanderies et en préfectures ; les lois et les ordonnances émanent d'un seul chef. Depuis la haute Antiquité jusqu'à nos jours, il n'y a jamais rien eu de tel. C'est un résultat que n'ont point atteint les Cinq Souverains[1]. Nous avons attentivement délibéré avec les lettrés au vaste savoir. Voici notre proposition : autrefois il y eut le Souverain céleste, le Souverain terrestre et le Souverain majestueux[2]. Le Souverain majestueux fut le plus élevé. Nous vous proposons donc les appellations honorifiques suivantes : que Votre Majesté soit appelée le Souverain majestueux ; que ses mandements soient des décrets ; que ses

---

1. Il s'agit de cinq monarques de la haute Antiquité, parangons de toutes les vertus.
2. Respectivement : *tianhuang, dihuang* et *taihuang*

ordonnances soient des édits[3] ; que le fils du Ciel, en parlant de lui-même, dise *zhen*[4].

Le roi décide alors de son titre impérial :

— Je repousse « majestueux » ; j'adopte « souverain » ; j'y ajoute le titre de la haute Antiquité ; mon titre sera « Empereur »[5]. Quant au reste, que ce soit conforme à votre délibération.

Et il ajoute :

— Je suis le Premier empereur ; les générations qui me suivront se nommeront en faisant le calcul des nombres : la deuxième génération, la troisième génération, et iront jusqu'à mille et dix mille générations en se transmettant sans fin ce principe[6].

3. Les termes chinois correspondant aux « décrets » (*zhi*) et « édits » (*zhao*) n'étaient pas utilisés avant le Premier empereur.

4. *Zhen* est un pronom personnel de la première personne. Avant le Premier empereur, il n'était pas réservé au souverain.

5. Ce que nous traduisons par « empereur » est la fusion en chinois de deux termes (*huang* et *di*) utilisés dans des titres de souverains légendaires divinisés. Une autre traduction pourrait être « Auguste souverain ». L'usage impose cependant de retenir le terme d'empereur, en référence à l'Antiquité romaine.

6. Par cette mesure, le Premier empereur abolit le système des titres posthumes. À la mort d'un souverain, d'un feudataire ou d'un notable, son entourage lui attribuait un titre posthume en un ou deux caractères censés refléter sa personnalité. Ainsi,

L'idéologie qui prévaut dans cet empire est le légisme.

Le Premier empereur fit avancer l'évolution des cinq vertus[7] quant à leur succession : considérant que les Zhou avaient eu la vertu du Feu et que les Qin avaient remplacé les Zhou, il adopta comme emblème celui que les Zhou n'avaient pas vaincu. C'était donc maintenant le commencement de la vertu de l'Eau[8]. Il changea le commencement de l'année et les félicitations qu'on apportait alors à la cour[9]. Toutes choses partirent du premier jour du dixième mois. Pour les vestes et les robes, pour les bannières et les étendards, on mit en honneur le noir[10]. Dans les nombres, six fut l'étalon ; les plaques des contrats et les chapeaux officiels eurent tous six pouces et les chars eurent six pieds ; six pieds firent un pas ; l'attelage eut six

le roi Zhuangxiang (Zichu, père du Premier empereur) était sérieux (*zhuang*) et méritant (*xiang*) ; le roi Xiaowen (père de Zichu) était un fils pieux (*xiao*) et lettré (*wen*). Le système des titres posthumes fut restauré dès la fin des Qin et se maintint jusqu'à la fin de la période impériale (1911).

7. Les cinq vertus sont aussi appelées les cinq agents (Eau, Bois, Métal, Terre et Feu). Ce sont les cinq éléments dynamiques constitutifs du monde. Ils servent d'emblèmes à une dynastie et sont mis en corrélation avec les couleurs, les saisons, etc.

8. D'après les règles de la cosmologie corrélative chinoise, l'agent Eau prend la suite de l'agent Feu, dans un rapport de domination. Le Premier empereur veut montrer par là qu'il succède aux Zhou puisqu'il les a vaincus.

9. C'est-à-dire qu'il promulgue un nouveau calendrier.

10. Couleur corrélée à l'agent Eau, de même que le chiffre six.

chevaux. On changea le nom du fleuve Jaune et on l'appela le « cours efficace ». Comme on estimait que c'était le commencement de la vertu de l'Eau, on pensa qu'en étant dur et violent, en ayant une sévérité extrême, en décidant toutes les affaires d'après la loi, en châtiant et en opprimant, en n'usant ni de bonté ni de bienfaisance, en se conformant à la justice, on serait d'accord avec la théorie des cinq vertus. Alors donc on pressa l'application des lois ; pendant longtemps on ne fit aucune grâce[11].

L'empereur abolit le système des fiefs.

Le conseiller Wang Guan et d'autres dirent :
— Les feudataires viennent d'être détruits : les territoires de Yan, de Qi et de Chu sont éloignés ; si on ne s'occupe pas d'y placer des princes, il n'y aura aucun moyen de les maintenir dans l'ordre. Nous proposons qu'on y nomme les fils de la famille impériale. Que seulement Votre Majesté impériale veuille bien y consentir[12].

L'empereur livra cette délibération à ses ministres, qui estimèrent tous que c'était une mesure

11. L'Eau est corrélée à la saison hivernale, saison des châtiments et des punitions. C'est une façon de dire que le légisme devient l'idéologie de l'État.

12. C'est-à-dire : il faut continuer à attribuer des territoires à des personnes qui les transmettront à leurs descendants, en d'autres termes, des fiefs.

avantageuse. Li Si, ministre de la Justice, fit cependant la remarque suivante :

– C'est en grand nombre que les rois Wen et Wu de la dynastie Zhou donnèrent des fiefs à leurs fils, à leurs frères cadets et à ceux de leur famille ; mais avec le temps ces proches parents se divisèrent et s'éloignèrent. Ils s'attaquèrent les uns les autres comme des ennemis ; les feudataires s'entretuèrent de plus belle et se firent la guerre, sans que les fils du Ciel de la dynastie des Zhou puissent les empêcher. Maintenant tout ce qui est à l'intérieur des mers, grâce à l'inspiration divine de Votre Majesté est, d'une manière uniforme, réduit en commanderies et en districts[13]. Les fils de la famille impériale et les sujets méritants ont été amplement récompensés par des titres de ducs, par des perceptions d'impôts ou de droits de douane : cela suffit largement[14]. Il est facile de gouverner ; que l'Empire n'ait pas d'autre pensée, c'est le moyen d'assurer le repos et la tranquillité. Établir des feudataires ne serait pas avantageux.

Sima Qian, *Mémoires historiques*, chap. 6,
Annales du Premier empereur

13. C'est-à-dire qu'il n'y a plus de fiefs : le territoire est divisé en circonscriptions administratives (commanderies et districts).

14. Même si des titres nobiliaires demeurent (duc, par exemple), leur détenteurs ne sont pas de véritables feudataires comme auparavant : ils ne sont pas détenteurs d'un vrai fief transmissible de manière héréditaire.

La fin du discours de Li Si, nourri aux idées de Shang Yang et de Han Fei, évoque à bien des égards certains passages du Livre de la voie et de la vertu[15], *le classique taoïste attaché au nom de Laozi (Lao-tseu).*

C'est pourquoi, lorsque le saint homme gouverne, il fait le vide dans les têtes et le plein dans les ventres, il affaiblit les volontés et fortifie les os. Il rend le peuple ignorant et exempt de tout désir. Il fait en sorte que ceux qui ont du savoir n'osent pas agir. En ne forçant rien, il gouverne tout.

Le Livre de la voie et de la vertu, chap. 3

Le Premier empereur donne finalement raison à Li Si.

L'empereur dit :

– Si l'Empire tout entier a souffert, s'il a été en proie à des combats et à des luttes qui ne lui laissaient aucun repos, c'est parce qu'il y avait des feudataires et des rois. Grâce à l'appui du Temple de mes ancêtres, le monde sous le Ciel vient d'être raffermi ; or si j'établissais de nouveau des royaumes, ce serait implanter la guerre et chercher à faire cesser cette tranquillité. Comment ne serait-ce pas fâcheux ? L'avis du ministre de la Justice est le bon.

---

15. Le *Daodejing*, aussi orthographié *Tao te king*.

*L'acte de naissance de l'Empire est donc promulgué :
la Chine sera divisée en circonscriptions administrées par
des fonctionnaires mutables et révocables.*

Le Premier empereur divisa l'Empire en trente-six
commanderies dans lesquelles il plaça des administrateurs, des gouverneurs militaires et des surintendants.
Il appela le peuple d'un nom nouveau : les « têtes
noires ». Il célébra un grand banquet de réjouissance.
Il recueillit toutes les armes qui se trouvaient dans
l'Empire et les rassembla à Xianyang. Il les fondit et
en fit des cloches, des supports de cloches et douze
statues d'homme en métal, chacune pesant mille
shi[16]. Il les plaça dans le palais impérial. Il unifia les
lois et les règles, les poids et les mesures. Les essieux
des chars eurent la même dimension et l'on écrivit
au moyen des mêmes caractères.

Sima Qian, *Mémoires historiques*, chap. 6,
Annales du Premier empereur

---

16. Le *shi* est une mesure de poids équivalant à environ 30
kg. Dix de ces statues géantes ont été détruites par le chef de
guerre Dong Zhuo (†192 ap. J.-C.), à la fin des Han postérieurs.
Les deux dernières furent fondues au IVe siècle.

Lors de l'unification des poids et des mesures, le Premier empereur fit graver sur un grand nombre d'instruments de mesure une inscription destinée à commémorer cette réforme. L'une d'entre elles a été conservée dans une collection de relevés épigraphiques.

La vingt-sixième année[17], le souverain empereur acheva de réunir dans sa main tout le monde ; les feudataires et les têtes noires jouirent d'un grand calme. Il institua et prit le titre de souverain empereur. Alors il ordonna aux conseillers Zhuang et Guan d'unifier clairement toutes les règles, les mesures de longueur et de capacité et les étalons qui n'étaient pas identiques et qui, par leur insuffisance, laissaient place au doute[18].

Pour protéger l'Empire des incursions de populations barbares, en particulier les Xiongnu, le Premier empereur fait bâtir des murailles. Dans les faits, il s'agit essentiellement de relier des tronçons préexistants. Ce sont les bases de la Grande Muraille que nous voyons encore aujourd'hui.

Meng Tian, en raison de ses origines familiales, fut nommé général de Qin. La vingt-sixième année,

---

17. Sous-entendu « du règne du Premier empereur », c'est-à-dire la vingt-sixième année depuis qu'il est monté sur le trône de Qin en tant que roi, soit l'année 221.

18. La traduction, due à Édouard Chavannes, se trouve dans les annexes du deuxième volume des *Mémoires historiques de Se-ma Ts'ien*.

il partit en campagne contre Qi et le vainquit. En récompense, il fut nommé préfet de la capitale. Qin unifia alors le monde sous le Ciel. L'empereur envoya Meng Tian à la tête de trois cent mille hommes combattre les barbares Rong et Di, au nord, ce qui permit de prendre possession des terres situées au sud du fleuve Jaune. Meng Tian fit alors bâtir une grande muraille qui épousait les courbes du terrain. Longue de plus de dix mille lieues, elle partait de Lintao[19], traversait le fleuve Jaune, puis allait vers le nord, en longeant le mont Yang. Elle terminait sa course dans la péninsule du Liaodong[20]. Meng Tian cantonna ses hommes à l'extérieur de la muraille pendant plus de dix ans. Aussi, pendant cette période, les barbares Xiongnu étaient-ils tenus en respect.

Sima Qian, *Mémoires historiques*, chap. 88,
Biographie de Meng Tian

19. Localité située au sud de l'actuelle ville de Lanzhou dans la province du Gansu.
20. Dans la province actuelle du Liaoning.

TOURNÉES D'INSPECTION
DANS L'EMPIRE

219-210

Pour prendre possession de son nouveau territoire, l'empereur, dans les années qui suivent l'unification et jusqu'à la fin de son règne, multiplie les tournées d'inspection qu'il marque par l'érection de stèles commémoratives sur des montagnes sacrées. Il se rend principalement dans les régions de l'est, les territoires les plus tardivement conquis. Aucune stèle dressée lors de ces tournées ne nous a été transmise, mais Sima Qian a conservé le texte porté par quelques-unes d'entre elles dans ses Mémoires historiques. D'après le récit de l'historien, les premières stèles sont érigées en 219 sur les monts Yi, Tai (Taishan) et Langye. L'année suivante, il fait graver deux inscriptions au mont Zhifu. En 215, il fait ériger une stèle à Jieshi. La dernière, celle du mont Kuaiji, date de la fin de 211 ou du tout début de 210 (Cf. carte p. 183).

Cet ensemble de textes peut être considéré comme l'équivalent chinois des Res gestae (hauts faits) de l'empereur romain Auguste. Par l'intermédiaire de ses conseillers, le Premier empereur chinois y exalte ses réalisations, la principale étant l'unification territoriale et son corollaire immédiat : le retour à la paix.

La vingt-huitième année, le Premier empereur parcourut dans l'est les commanderies et les préfectures ; il monta sur la montagne Yi, de la préfecture de Zou ; il y dressa une stèle.

Sima Qian ne donne pas le texte de cette stèle dans ses Mémoires historiques. *Il nous a été cependant transmis dans un relevé épigraphique datant de la dynastie des Yuan (1279-1367 ap. J.-C.).*

Des souverains et des empereurs fondateurs d'État
Ne se rencontrent pour la première fois que dans l'Antiquité ;
Les générations suivantes prirent le titre de roi.
Il a puni et il a battu les rebelles fauteurs de troubles ;
Son prestige a agi sur les quatre extrémités du monde ;
Sa justice guerrière a été droite et parfaite.
Ses soldats et ses ministres ayant reçu ses ordres,
Il n'y a pas longtemps
Qu'ils ont anéanti les six puissances cruelles.
La vingt-sixième année,
Il a proposé pour lui-même un titre élevé ;
Sa conduite pieuse s'est manifestée avec éclat.
En effet, il a offert en haut une sublime perfection ;
Il a fait descendre en bas une bonté qui s'étend à tout.
Il a parcouru en personne les contrées éloignées.
Il est monté sur le mont Yi ;

Ses officiers qui le suivent en foule
Songent tous à cette régularité, à cette supériorité.

Qu'on se reporte par la pensée aux époques
troublées ;
On divise le territoire et on établit des principautés
Et de là naissent des gouvernements rivaux.
L'attaque et le combat sont l'occupation de chaque
jour ;
On fait couler le sang dans la campagne ;
Cet état de choses a commencé depuis la haute
Antiquité.
Les générations de ces princes, sans atteindre le nom-
bre de dix mille,
S'écroulèrent, et cela jusqu'aux Cinq Souverains ;
Aucun d'eux ne put défendre et arrêter ces maux.
Maintenant cependant le Souverain empereur
A réuni tout le monde en une seule famille ;
La guerre ne s'élève plus.
La désolation et le malheur sont supprimés ;
Les têtes noires jouissent du calme et de la paix ;
Ce bienfait avantageux durera longtemps.
Cet abrégé de l'éloge qu'ont fait tous les officiers
A été gravé sur cette pierre sonore,
Afin de manifester ce qui est la règle[1].

---

1. La traduction, due à Édouard Chavannes, se trouve
dans les annexes du deuxième volume des *Mémoires historiques
de Se-ma Ts'ien*.

La deuxième stèle fut érigée la même année sur le mont Tai (actuel Shandong), haut lieu cérémoniel, où l'empereur célébra les prestigieux sacrifices feng *et* shan, *au Ciel et à la Terre.*

Trois ans après avoir pris la dignité d'empereur[2], le Premier empereur parcourut dans l'est les commanderies et les préfectures. Il sacrifia sur le mont Yi de la préfecture de Zou ; il y célébra la gloire et les actions des Qin. Puis il appela auprès de lui, en les faisant venir des pays de Qi et de Lu, des lettrés, des maîtres et des savants au nombre de soixante-dix. Lorsqu'on fut arrivé au pied du mont Tai, il y eut, parmi les lettrés et les maîtres, quelqu'un qui dit dans la délibération :

– Ceux qui ont fait autrefois les sacrifices *feng* et *shan* entouraient de jonc les roues de leur char, de peur de blesser la terre, les pierres, les herbes et les arbres de la montagne ; ils balayaient le sol, puis sacrifiaient ; pour faire les nattes, ils se servaient de tiges de chanvre décortiquées.

Ce langage donnait à entendre que les rites de cette cérémonie étaient faciles à observer. L'empereur vit que, dans cette délibération, chacun avait un avis différent et qu'il était difficile de passer à l'application. C'est pourquoi il renvoya les lettrés et les maîtres et fit ouvrir sur-le-champ un chemin à chars. Il monta par le versant sud du mont Tai.

2. 219.

Parvenu au sommet, il dressa une inscription sur pierre où il célébrait sa vertu et affirmait qu'il avait pu accomplir le sacrifice *feng*. Il descendit par le chemin du nord et fit le sacrifice *shan* sur le mont Liangfu. Dans cette cérémonie, il adopta généralement les rites que suit le grand prieur lorsque, à Yong, il sacrifie aux Empereurs d'en haut. Mais tout ce qu'on cache dans le sacrifice *feng* resta mystérieux. Les contemporains ne purent savoir ce qui s'était passé et ne l'ont pas raconté.

Pendant que l'empereur montait sur le mont Tai, et quand il était au milieu de la pente, il fut surpris par un orage de vent et de pluie. Il s'abrita sous un grand arbre. Les lettrés et les maîtres, qui avaient été chassés et qui n'avaient pu faire suivre leurs avis pour les rites du sacrifice *feng*, se moquèrent du souverain en apprenant qu'il avait essuyé l'orage.

> Sima Qian, *Mémoires historiques*, chap. 28,
> « Traité sur les sacrifices *feng* et *shan* »

Avec les maîtres lettrés du pays de Lu, il tint une délibération pour graver sur la pierre les mérites de Qin ; il délibéra sur ce qui concernait les cérémonies *feng* et *shan* et les sacrifices faits de loin aux montagnes et aux cours d'eau ; puis il monta sur le mont Tai. Il y dressa une stèle ; il fit la cérémonie *feng* ; il offrit les sacrifices. Quand il descendit, un orage de vent et de pluie survint ; il s'abrita sous un arbre et c'est

pourquoi il conféra à cet arbre le titre de conseiller[3] ;
il fit le sacrifice *shan* sur le mont Liangfu. Il fit une
inscription sur la stèle qu'il avait dressée ; le texte
en était ainsi conçu :

« Le souverain empereur exerçant avec vigilance
son autorité,
A fait et déterminé des lois claires ;
Ses sujets au-dessous de lui se perfectionnent et
s'améliorent.
En la vingt-sixième année, il réunit pour la première
fois le monde sous le Ciel ;
Il n'est personne qui ne soit obéissant et soumis.
Lui-même il a inspecté le peuple aux cheveux noirs
dans les contrées éloignées ;
Il est monté sur ce mont Tai ;
Il a embrassé de son regard l'extrême orient.
Ses officiers qui l'accompagnent songent à suivre
ses traces ;
Suivant leur devoir fondamental, ils agissent et se
conduisent ;
Avec respect ils célèbrent ses mérites.
La sage conduite de son gouvernement influe tout
alentour ;
Toutes les créatures trouvent leur profit ;
Toutes choses ont une loi et une forme.

3. Le Premier empereur récompense en quelque sorte l'arbre
qui lui a servi d'abri en le nommant à un poste officiel.

Sa grande justice est bienfaisante et illustre ;
Elle s'étend jusqu'aux générations futures ;
On la reçoit en s'y conformant sans y rien changer.

La sainteté personnifiée dans le souverain empereur,
Après avoir pacifié le monde,
Ne se relâche point dans son gouvernement.
Il se lève dès l'aube et ne se couche que dans la nuit ;
Il a fondé et établi ce qui sera profitable longtemps ;
Il répand et il exalte les instructions et les enseignements.
Ses avis et ses règles pénètrent partout ;
Au loin et au près on agit en tout suivant la raison ;
Tous les êtres reçoivent sa sage volonté.
Le noble et le vil sont bien distingués ;
L'homme et la femme se conforment aux rites ;
Avec attention chacun remplit son devoir.
Il a séparé avec évidence l'intérieur et l'extérieur ;
Il n'est rien qui ne soit pur et sans tache ;
Sa bonté s'étend jusqu'à la postérité future.
Le perfectionnement se prolongera sans fin ;
Acceptez avec respect les ordres qu'il vous laisse ;
Recevez-les pour toujours et redoublez de vigilance. »

Ensuite l'empereur longea le Bohai en se dirigeant vers l'est ; il passa par Huang et par Chui. Il monta jusqu'à l'extrémité de la montagne Cheng ; il gravit le mont Zhifu. Il dressa une stèle pour célébrer les vertus de Qin, puis il s'en alla. Au sud il monta à Langye et s'y plut beaucoup. Il y resta trois mois ; alors il transporta des têtes noires, au nombre de trente mille familles, au pied de la terrasse Langye. Il les exempta de douze années de redevances. La terrasse de Langye une fois construite, il y éleva une stèle sur laquelle il grava l'éloge des vertus de Qin et mit en lumière le sens de ses vertus en ces termes :

« C'est la vingt-sixième année
Que le souverain empereur a prise pour commencement.
Il a réglé et égalisé les lois et les mesures
Et les étalons qui servent pour tous les êtres.
Ainsi il a rendu claires les occupations des hommes ;
Il a établi l'union et la concorde entre les pères et les fils.
Avec sagesse il a bien compris la bonté et la justice ;
Manifestement il a montré la droite voie et la raison.
À l'est il a mis l'ordre dans la terre orientale
Afin de supprimer les batailles.
Lorsque cette affaire a été complètement terminée,
Alors il s'est approché de la mer.

Le mérite du souverain empereur
Est de s'être appliqué avec diligence aux occupations
fondamentales.
Il a mis en honneur l'agriculture ; il a proscrit la
dernière des professions[4] ;
Les têtes noires ont alors été heureuses.
Dans tout ce qui est sous le Ciel,
Les cœurs se sont appliqués, les volontés se sont
unies.
Les armes défensives et offensives ont eu des dimen-
sions identiques ;
Il a rendu uniformes les caractères primitifs et les
caractères dérivés[5].
Dans tous les lieux qu'éclairent le soleil et la lune,
Dans tous ceux où se transportent les bateaux et
les chars,
Chacun accomplit jusqu'au bout sa destinée ;
Il n'est personne qui ne soit satisfait.

Celui qui au temps opportun exécute les affaires,
C'est le souverain empereur.
Il a corrigé et amélioré les mœurs étranges ;
Il a réglé les eaux ; il a délimité les terres.

---

4. C'est-à-dire le commerce et la spéculation, qui sont
considérés comme des activités viles, puisqu'elles ne produi-
sent rien.

5. C'est-à-dire : il a unifié l'écriture chinoise, qu'il s'agisse
de caractères simples ou de caractères résultant d'une combi-
naison de plusieurs éléments.

Plein de sollicitude et de compassion pour les têtes noires,

Ni le matin, ni le soir il ne se relâche.

Il a supprimé les doutes et fixé les lois ;

Tous savent ce qui est à éviter.

Les gouverneurs de régions ont chacun la charge qui lui est assignée ;

Tous exercent leur administration d'une manière régulière et juste.

Il a enlevé l'erreur ; il a fixé ce qu'il fallait faire ;

Il n'y a rien qui ne se conforme à ses plans.

La sagesse du souverain empereur

S'est rendue aux quatre côtés du monde pour les inspecter.

Le noble et le vil, l'honoré et le méprisé

N'ont point outrepassé leurs rangs.

Les méchants et les pervers n'ont pas été à leur aise ;

Tous s'appliquent à la rectitude et à la bonté.

Dans les petites et dans les grandes choses, il a épuisé ses forces ;

Il n'a point osé être paresseux ni oisif.

Au loin et au près il a dissipé les obscurités ;

Il s'est appliqué spécialement à la dignité et à la majesté ;

Il a rendu régulières et droites la vertu et la fidélité ;

Les affaires et les occupations ont une règle constante.

La vertu du souverain empereur
A maintenu et affermi les quatre extrémités du
monde.
Il a exterminé les rebelles et il a supprimé les
méchants ;
Il a fait fleurir ce qui est profitable et il a rendu très
grande la prospérité.
Son action modératrice s'exerce en observant les
saisons ;
Toutes les productions abondent et se multiplient.
Les têtes noires jouissent du calme et du repos ;
On ne se sert plus des armes offensives ni des armes
défensives.
Les six degrés de parenté[6] se protègent mutuelle-
ment ;
En définitive il n'y a plus de brigands ni de
voleurs.
Avec joie on reçoit ses renseignements ;
Partout on connaît les lois et les règles.

Tout ce qui est compris dans les six directions[7]
Est la terre du souverain empereur.
À l'ouest, il a traversé les sables mouvants ;
Au sud, il a été jusqu'à l'extrémité des portes
septentrionales.

6. Le père, la mère, les frères aînés, les frères puînés, l'épouse,
les enfants.
7. Les quatre points cardinaux, plus le zénith et le nadir.

À l'est, il possède la mer orientale ;
Au nord, il a dépassé le pays de Daxia[8].
Partout où atteignent les pas des hommes,
Il n'est personne qui ne se soit déclaré son sujet.
Sa gloire surpasse celle des Cinq Souverains ;
Sa bienfaisance s'étend jusqu'aux chevaux et aux
bœufs.
Il n'est rien qui n'éprouve sa bonne influence ;
Chacun est tranquille dans sa demeure. »

*Sima Qian donne ensuite les circonstances précédant
l'érection de la stèle.*

Le roi de Qin, ayant réuni en sa possession l'univers, institua pour lui le titre d'empereur ; il établit
alors le bon ordre dans les terres orientales et arriva
à Langye. Le marquis de Wucheng, Wang Li ; le
marquis de Tongwu, Wang Ben ; le marquis de
Jiancheng, Zhao Hai ; le marquis de Changwu,
Cheng ; le marquis de Wuxia, Wang Wuze ; les
grands conseillers Wei Zhuang et Wang Guan ; les
ministres Li Si et Wang Wu ; les conseillers Zhao
Ying et Yang Jiu l'accompagnaient. Avec lui, ils
délibérèrent au bord de la mer, et dirent ceci :
– Ceux qui dans l'Antiquité furent empereurs
avaient un territoire qui ne dépassait pas mille lieues.
Les feudataires se gardaient chacun dans son fief ;
à leur guise ils venaient ou ne venaient pas rendre

8. Région correspondant à la province du Shanxi actuel.

hommage. Ils se dépouillaient les uns les autres et étaient cruels et turbulents ; la destruction et la guerre ne cessaient pas. Cependant ils faisaient des inscriptions sur métal et sur pierre pour conserver leur propre mémoire. Dans l'Antiquité, sous les Cinq Souverains et les trois dynasties, les connaissances et les enseignements n'étaient pas uniformes ; les lois et les mesures n'étaient pas claires. Ils feignirent d'avoir un prestige comme celui des génies et des dieux afin d'en imposer aux contrées éloignées. La réalité ne répondait pas à leur renommée ; c'est pourquoi ils ne subsistèrent pas longtemps. Ils n'étaient pas encore morts que les seigneurs se révoltaient et que leurs lois et leurs ordonnances n'étaient plus en vigueur. Maintenant le souverain empereur a réuni tout l'intérieur des mers ; il l'a divisé en commanderies et en préfectures ; l'Empire a été dans l'harmonie et dans la paix. Il a couvert d'éclat le temple ancestral ; il a réalisé ce qui est raisonnable et pratiqué la vertu ; son titre majestueux s'est grandement confirmé. Tous ses sujets se disent les uns aux autres les mérites du souverain empereur ; ils ont gravé des inscriptions sur métal et sur pierre pour en faire un modèle et une règle.

Au cours de cette tournée d'inspection, l'empereur démontre une nouvelle fois son hybris.

Puis il se dirigea vers le sud-ouest, pour traverser la rivière Huai, arriver à la montagne Heng et à la commanderie de Nan. Il navigua sur le fleuve Bleu et parvint jusqu'au temple de la montagne Xiang. Il rencontra un grand vent et faillit ne pas pouvoir traverser. L'empereur demanda aux lettrés au vaste savoir :

– Quel dieu est le prince de Xiang ?

Les lettrés au vaste savoir lui répondirent :

– Nous avons entendu dire que c'étaient les filles de Yao, femmes de Shun, qui étaient enterrées là.

Alors l'empereur se mit fort en colère : il envoya trois mille condamnés abattre tous les arbres de la montagne Xiang et la peindre en rouge[9].

La stèle de Zhifu.

La vingt-neuvième année[10], l'empereur [...] monta sur le mont Zhifu et y fit une inscription sur stèle qui était ainsi conçue :

« La vingt-neuvième année ;
Alors qu'on était au milieu du printemps
Et que l'harmonie du principe *yang* venait de s'élever,
Le souverain empereur voyagea dans l'est.
Pendant sa tournée il monta sur le Zhifu
Et dans tout son éclat s'approcha de la mer.

---

9. C'est une façon d'humilier la montagne et les divinités qui y règnent.

10. 218.

Ses officiers qui le suivaient le contemplèrent en se
répandant en éloges ;
Ils ne pensaient qu'à sa bonté et à sa gloire ;
Réfléchissant au passé, ils célébraient ses premiers
commencements.
Sa grande sagesse a exercé le gouvernement ;
Il a établi et fixé les lois et les règles ;
Il a mis en lumière les principes essentiels.
Au dehors il a donné une leçon aux feudataires ;
Il a répandu avec éclat sa gracieuse bienfaisance ;
Il s'est illustré par la justice et la raison.
Les six royaumes[11] étaient pervers ;
Leur avidité et leur méchanceté étaient insatia-
bles ;
Leurs cruautés et leurs meurtres ne cessaient pas.

Le souverain empereur eut pitié de la multitude ;
Il leva donc des soldats vengeurs ;
Sa vertu guerrière prit son essor et se dressa.
Il châtia avec justice ; il agit avec bonne foi ;
Son ardeur majestueuse pénétra partout ;
Il n'y eut personne qui ne se soumît à lui.
Il anéantit dans la chaudière bouillante les violents
et les cruels ;
Il soutint et secourut les têtes noires ;
Il pacifia à la ronde les quatre extrémités du monde.

11. Les six royaumes conquis par le Premier empereur
entre 230 et 221.

Partout il promulgua des lois claires ;
Il régla en long et en large tout le monde sous le
Ciel ;
Il institua pour l'éternité un modèle de justice.
Que cela est grand !
Dans l'univers et dans le domaine impérial,
On reçoit sa pensée sage et on s'y conforme.
Tous ses officiers ont célébré ses mérites
Et ont demandé qu'on grave cela sur la pierre
Pour le manifester, le transmettre et en faire un
modèle impérissable. »

L'inscription de la face orientale de la stèle était
ainsi conçue :

« Or, en la vingt-neuvième année ;
Le souverain empereur voyagea au printemps ;
Pour observer et examiner les contrées éloignées.
Parvenu au bord de la mer,
Il monta sur le Zhifu
Et illumina l'orient.
Il contempla et regarda au loin le vaste et beau
spectacle ;
Ses officiers qui le suivaient songeaient tous
À la conduite qu'il avait tenue dès le début, à la
gloire qu'il avait atteinte.
Des lois sages pour la première fois ont été mises
en vigueur ;

Avec pureté il a gouverné à l'intérieur de ses
frontières ;

Au dehors il a puni de mort les cruels et les violents.

Son prestige guerrier a pénétré partout ;

Il a secoué et agité les quatre extrémités du monde ;

Il a fait prisonniers et exterminé les six rois.

Il a réuni dans ses mains le monde sous le Ciel ;

Les calamités et les malheurs ont pris fin ;

Pour toujours il a fait reposer les soldats et les
armes.

L'éclatante vertu du souverain empereur

A réorganisé l'univers ;

Il ne se lasse jamais de regarder ni d'écouter.

Il a institué une grande justice ;

Il a établi d'une manière évidente des instruments
préparés d'avance :

Tous ont leurs insignes et leurs étendards.

Les officiers en charge se conforment à leurs
attributions ;

Chacun sait ce qu'il a à faire ;

En toutes choses il n'y a rien d'ambigu ni d'incer-
tain.

Les têtes noires se sont réformées ;

Au loin et au près, il y a des mesures uniformes ;

Si l'on abaisse ses regards sur l'Antiquité, on voit
qu'il lui est fort supérieur.

Les fonctions immuables ayant été déterminées,
Ses successeurs se conformeront à sa conduite ;
Pendant longtemps ils recevront sa sage direction.
La foule de ses officiers, célébrant sa vertu
Et louant son auguste gloire,
A proposé qu'on fasse cette inscription sur le
Zhifu. »

En 215, il se rend à Jieshi, un promontoire qui domine le golfe de la mer de Bohai.

La trente-deuxième année l'empereur se rendit à Jieshi. Il envoya maître Lu, originaire du pays de Yan, à la recherche des immortels Xianmen et Gaoshi. Il grava sur la porte de Jieshi comment il avait détruit les remparts intérieurs et extérieurs et ouvert un passage à travers les barrages et les obstacles. Le texte de cette inscription était ainsi conçu :

« Il leva donc les bataillons de ses soldats ;
Il punit de mort ceux qui agissaient contrairement à la raison ;
Les fauteurs de rébellion furent exterminés.
Par ses vertus guerrières il anéantit les cruels et les révoltés ;
Par ses vertus pacifiques il rendit le calme aux innocents ;
Les cœurs du peuple lui furent tous soumis.

Sa bonté apprécie la valeur et le mérite ;

Ses faveurs s'étendent jusqu'aux bœufs et aux chevaux ;

Ses bienfaits ont enrichi le sol de la terre.

Le souverain empereur a déployé son prestige ;

Sa vertu a absorbé les feudataires ;

Le premier, il a établi uniformément un grand calme.

Il a renversé et détruit les remparts intérieurs et les murs extérieurs ;

Il a ouvert des passages dans les barrages des fleuves ;

Il a aplani et supprimé les difficultés et les obstacles.

La face de la terre étant bien réglée,

La multitude aux cheveux noirs ne fut pas accablée de corvées ;

Dans le monde tous furent sagement gouvernés.

Les hommes se livrèrent avec joie à la culture des champs ;

Les femmes vaquèrent avec soin à leurs occupations ;

Toute chose eut son rang.

Sa bonté s'est étendue sur tous les patrimoines ;

Pour longtemps, tous sont venus dans leurs champs ;

Il n'est personne qui ne soit tranquille chez soi.

La foule de ses sujets, célébrant sa gloire,

A demandé qu'on grave cette pierre,
Afin de transmettre et de manifester un modèle et
une règle. »

*La dernière stèle est érigée à la fin de 211 ou au début
de 210.*

La trente-septième année, au dixième mois, au jour
guichou[12], l'empereur partit en voyage. Le conseiller
Li Si l'accompagna ; le conseiller de droite Feng
Quqi gardait la capitale. Le fils cadet de l'empereur,
Huhai, était aimé de son père ; il demanda à le sui-
vre ; l'empereur l'y autorisa.

Le onzième mois, il arriva à Yunmeng et fit, de
loin, le sacrifice à Yu Shun qui réside sur la montagne Jiuyi. Il descendit en bateau le fleuve Bleu ;
il inspecta Jike, traversa les îlots de la mer et passa
par Danyang. Il arriva à Qiantang et s'approcha du
fleuve Zhe, mais comme les flots étaient en fureur,
il se rendit à cent vingt lieues à l'ouest et fit la tra-
versée dans un endroit resserré. Il monta sur le mont
Kuaiji et sacrifia à Yu le Grand ; il fit le sacrifice de
loin aux montagnes du Sud ; puis il dressa une stèle
où il grava une inscription célébrant les mérites de
Qin. Le texte en était ainsi conçu :

12. Soit le 1er novembre 211.

« La gloire bienfaisante du souverain empereur
A pacifié et unifié le monde ;
Sa vertu et sa bonté durent longtemps.
La trente-septième année,
Il parcourut en personne l'Empire
Et fit une tournée d'inspection dans les contrées éloignées.
C'est alors qu'il monta sur le mont Kuaiji ;
Il comprit et il examina les coutumes et les mœurs ;
Les têtes noires furent attentives et respectueuses.
La foule de ses sujets célèbre ses mérites ;
Ils recherchent l'origine des actions accomplies ;
Ils remontent au principe de cette noble illustration.
Le sage des Qin ayant pris en main le gouvernement,
Il a le premier déterminé les châtiments et les noms,
Il a mis en lumière et manifesté l'antique perfection.
Pour la première fois il a rendu uniformes les lois et les modèles ;
Il a distingué et séparé les attributions et les fonctions,
Afin d'établir une règle immuable.

Les six rois[13] s'arrogeaient le droit de se révolter ;

Ils étaient avides et méchants, insolents et sauvages ;

À la tête de leur parti ils se rendaient personnelle-
ment puissants.

Ils étaient cruels et suivaient leurs mauvais penchants ;

Ils se fiaient à leur force pour se montrer orgueil-
leux ;

Souvent ils mettaient en mouvement les armes défensives et offensives.

En cachette ils communiquaient entre eux et avaient
des émissaires secrets

Afin de former une ligue du nord au sud ;

Ils cherchaient à accomplir des desseins mauvais.

À l'intérieur, ils déguisaient sous de belles apparences
des projets trompeurs ;

À l'extérieur, ils venaient envahir nos frontières ;

Ils firent naître ainsi les calamités et les désastres.

Sa justice et sa puissance les ont punis de mort ;

Il a supprimé et anéanti leurs violences et leurs
rébellions ;

Ces fauteurs de troubles et ces brigands furent exterminés et disparurent.

Sa sagesse et sa vertu sont étendues et profondes ;

Dans l'intérieur des six directions,

Ses bienfaits qui se répandent ont été illimités.

13. Ce sont les souverains des six États conquis entre 230
et 221.

Le souverain empereur a réuni l'univers ;

Il a écouté simultanément toutes les affaires ;

Au loin et au près, il n'est rien qui ne soit pur.

Il porte l'ordre dans la foule des êtres ;

Il examine et met à l'épreuve la réalité des faits ;

Chaque chose a le nom qui lui convient.

Le noble et le vil, il les pénètre également ;

Le bien et le mal sont exposés devant lui ;

Il n'y a aucune disposition qui lui soit cachée.

Si on dissimule une faute en se proclamant juste,

Comme par exemple si une femme a des enfants et se remarie,

Elle désobéit au mort et n'est pas chaste.

Il a établi des barrières entre l'intérieur et l'extérieur ;

Il a interdit et supprimé la débauche ;

Les hommes et les femmes obéissent à la règle et sont intègres.

Si un homme va dans une maison qui n'est pas la sienne pour s'y conduire comme un pourceau,

Celui qui le tue n'est pas coupable ;

Les hommes observent les statuts de la justice.

Si une femme s'enfuit de la maison conjugale pour épouser un autre homme,

Les enfants n'ont plus de mère ;

Tous se réforment pour être fidèles et sans tache.

Son grand gouvernement a purifié les mœurs ;

Le monde reçoit son influence

Et a le bonheur de subir sa direction bienfaisante.

Tous se conforment à ses mesures et à ses principes ;
Ils vivent dans l'harmonie et le calme et font de
sérieux efforts ;
Il n'est personne qui n'obéisse à ses ordonnances.
Les têtes noires pratiquent ce qui est pur ;
Les hommes se plaisent à une règle uniforme ;
Ils se félicitent de conserver la paix universelle.
La postérité recevra avec respect ses lois ;
C'est un gouvernement perpétuel qui n'aura pas
de fin ;
Ni les chars ni les bateaux ne seront renversés.
Ses officiers qui le suivent ont célébré sa gloire ;
Ils ont proposé qu'on grave cette pierre
Afin de transmettre avec éclat cette excellente
inscription. »

Sima Qian, *Mémoires historiques*, chap. 6,
Annales du Premier empereur

LA PERSÉCUTION DES LETTRÉS

213-212

En 213, au cours d'un banquet, un lettré confucéen émet quelques doutes à propos de la politique légiste appliquée par l'empereur.

Le Premier empereur tint un banquet dans le palais de Xianyang. Les lettrés au vaste savoir, au nombre de soixante-dix, s'avancèrent pour lui souhaiter une longue vie. Le ministre Zhou Qingchen présenta son éloge :

— Autrefois, le territoire de Qin ne dépassait pas mille lieues. Grâce à sa sagesse et à sa clairvoyance, Votre Majesté a pacifié l'ensemble du pays. Vous avez repoussé et chassé les barbares Man et Yi[1]. De tout ce qu'éclairent le soleil et la lune, il n'est rien qui ne vous soit soumis ; vous avez transformé les États féodaux en divisions administratives. Tous les hommes sont désormais paisibles et heureux ; ils ne subissent plus le fléau des guerres et des luttes. Cet état de paix se transmettra à la postérité. Depuis la haute Antiquité, jamais le prestige et la vertu de Votre Majesté n'ont été égalés.

1. Traditionnellement, les Man sont les barbares du sud, et les Yi, ceux de l'est.

Le Premier empereur fut satisfait. Chunyu Yue, un lettré au vaste savoir originaire du royaume de Qi, prit alors la parole :

– Les règnes des Shang et des Zhou ont duré plus de mille ans. Les souverains d'alors avaient donné des fiefs à leurs fils, à leurs frères et à leurs sujets méritants pour s'en faire autant de soutiens. Maintenant, Votre Majesté possède tout le pays, mais ses fils et ses frères ne sont que de simples hommes du peuple. S'il y avait tout à coup des rebelles, comme autrefois Tian Chang[2] ou les six familles de Jin[3], vous n'auriez aucune aide qui pût vous porter secours. Afin de durer, nous devons tirer les leçons de l'histoire[4]. Zhou Qingchen vous a flatté ouvertement afin d'aggraver les errements de Votre Majesté. Ce n'est pas la conduite d'un sujet fidèle.

Sima Qian, *Mémoires historiques*, chap. 6,
Annales du Premier empereur

2. Tian Chang fut un ministre du royaume de Qi qui, en 481, tua son souverain et lui vola le trône.

3. Six familles se disputaient le pouvoir dans le royaume de Jin. En 403, trois d'entre elles démembrèrent ce royaume et fondèrent les nouveaux États de Han, Zhao et Wei.

4. Chunyu Yue propose à l'empereur de distribuer des fiefs, afin de disposer de vassaux sur qui compter en cas de crise.

Li Si prend alors la parole pour défendre son point de vue : il n'est pas question de se conformer aux usages du passé. D'ailleurs, table rase doit être faite ; le passé doit être oublié.

— Les Cinq Souverains ne se sont pas répétés les uns les autres. Les trois dynasties ne se sont pas imitées mutuellement. Les rois ont été personnels dans leur gouvernement et n'ont pas pris le contre-pied les uns des autres : les temps avaient changé. Maintenant Votre Majesté a accompli pour la première fois une grande œuvre. Elle a fondé une gloire qui durera pendant dix mille générations. C'est assurément ce que des lettrés stupides sont incapables de comprendre. En outre, Chunyu Yue n'a fait que parler des affaires des trois dynasties, comment pourrait-on les prendre pour règle ? Autrefois, les feudataires étaient tous en lutte. Ils faisaient grand cas des sophistes voyageurs et les appelaient auprès d'eux. Maintenant, le monde sous le Ciel a été pacifié ; les lois et les ordonnances émanent d'un seul ; le peuple et les chefs de famille s'appliquent aux travaux de l'agriculture et de l'artisanat ; les classes supérieures s'instruisent des lois et des ordonnances, des interdictions et des défenses. Cependant les maîtres lettrés ne prennent pas modèle sur le présent, mais étudient l'Antiquité afin de dénigrer l'époque actuelle. Ils jettent le doute et le trouble dans le peuple. [...] Ces hommes font valoir l'excellence de ce qu'ils ont appris dans leurs études privées afin de dénigrer ce qu'a institué Votre Majesté. Maintenant que le souverain empereur possède l'Empire dans son ensemble, qu'il a distingué le noir du blanc et qu'il a imposé l'unité, ils mettent en honneur leurs enseignements privés et tiennent des conciliabules. Ces hommes qui condamnent les lois et les instructions, dès qu'ils apprennent qu'un édit a été rendu, s'empressent de le discuter chacun d'après ses propres principes. Lorsqu'ils sont à la cour, ils désapprouvent dans leur for intérieur. Lorsqu'ils en sont sortis, ils délibèrent dans les rues. Louer le souverain, ils estiment que c'est chercher une réputation. S'attacher à des principes extraordinaires, ils pensent que c'est le plus haut mérite. Ils entraînent le bas peuple à forger des calomnies. Les choses étant ainsi, si on ne s'y oppose pas, la situation du souverain s'abaissera, tandis que dans le peuple, les factions se fortifieront. Il est utile de porter une défense.

Sima Qian, *Mémoires historiques*, chap. 6,
Annales du Premier empereur

Il propose alors un autodafé à la dimension de l'Empire.

– Je propose que les histoires officielles, à l'exception des Annales de Qin, soient toutes brûlées. Hormis ceux détenteurs de la charge officielle de lettré au vaste savoir, ceux qui, dans l'Empire, se permettent de cacher le *Classique de la poésie*, le *Classique des documents*[5], ou les ouvrages des Cent écoles de philosophie devront tous aller auprès des autorités locales civiles et militaires pour qu'elles les brûlent. Ceux qui oseront discuter entre eux de ces deux classiques seront mis à mort et leurs cadavres exposés sur la place publique. Ceux qui se serviront de précédents historiques pour critiquer les affaires actuelles seront mis à mort avec leur parenté. Les fonctionnaires qui apprendront que des personnes contreviennent à cet ordre, et qui ne les dénonceront pas, seront impliqués dans leur crime. Trente jours après que l'édit aura été rendu, ceux qui n'auront pas brûlé leurs livres seront marqués et envoyés aux travaux forcés. Les livres qui ne seront pas proscrits seront ceux de médecine et de pharmacie, de divination par la tortue et l'achillée, d'agriculture et d'arboriculture. Quant à ceux qui désireront étudier les lois et les ordonnances, qu'ils prennent pour maîtres les fonctionnaires.

L'empereur approuva la proposition par décret.

Sima Qian, *Mémoires historiques*, chap. 6,
Annales du Premier empereur

Cette mesure drastique n'est que l'application radicale de principes prônés par Han Fei, qui voyait les lettrés confucéens et les rhéteurs, si prompts à citer les précédents de l'histoire, comme des sophistes à éliminer.

5. Ce sont deux ouvrages canoniques révérés par les confucianistes.

Certaines paroles des anciens rois ont une portée mineure, mais sont ressenties comme essentielles par nos contemporains ; d'autres sont fondamentales, mais sont perçues comme accessoires. Ils ne peuvent, en fin de compte, jamais être sûrs. Voyez la façon dont l'homme de Song a compris son livre ou celle dont l'homme de Liang a lu les annales[6]. [...] Prendre modèle sur les anciens rois sans tenir compte des nécessités actuelles, c'est comme retourner chez soi prendre la mesure de son pied[7].

Hanfeizi, chap. 32

En période de trouble, les gens perçoivent les propos incompréhensibles comme des discours subtils et l'étalage d'érudition comme un gage d'expertise. Quant aux conduites, qui se singularise devient un sage, qui offense ses supérieurs, un noble. Même les souverains aiment les discours subtils et honorent les conduites nobles. [...] C'est pourquoi, ceux qui revêtent la robe de lettrés et paradent l'épée à leur

6. Allusion à deux anecdotes dans lesquelles un homme agit de manière stupide et se justifie en citant un précédent lu dans un livre.

7. Un homme, voulant acheter une paire de chaussures, prend chez lui la mesure de son pied, puis range l'instrument dans un coin. Arrivé au marché, il se rend compte qu'il l'a oublié et retourne chez lui le chercher. Lorsqu'il revient, le marché est fermé. Il se justifie à un passant en disant qu'il n'a pas confiance dans son pied, mais dans la mesure.

ceinture sont nombreux, mais rares sont ceux qui cultivent les champs ou se battent à la guerre.

Hanfeizi, chap. 41

L'année suivante (212), l'empereur s'en prend non aux livres, mais aux lettrés eux-mêmes.

Quand il s'occupait des affaires, l'empereur ne remettait à ses officiers que des affaires décidées ; tout se réglait dans le palais de Xianyang. Maître Hou et maître Lu complotèrent entre eux, et se dirent :

— L'empereur est un homme qui a reçu du Ciel un naturel violent, cruel et despotique. Il a supprimé les feudataires et réuni tout l'Empire ; ses desseins ont réussi, ses désirs ont été suivis. Il estime que depuis l'Antiquité personne ne l'a jamais égalé. Il ne donne d'autorité qu'aux officiers de justice ; ce sont les officiers de justice qui parviennent à l'approcher et obtiennent sa faveur. Les lettrés au vaste savoir, quoiqu'au nombre de soixante-dix, se contentent de leur titre et ne sont pas employés. Les conseillers d'État et les principaux ministres reçoivent tous les affaires quand elles sont terminées ; ils font dépendre leur administration de l'empereur. Ce dernier se plaît à établir son prestige par les supplices et les exécutions. Les gens, par crainte d'être punis et par désir de conserver leurs appointements, n'osent pas se montrer fidèles jusqu'au bout. L'empereur ne s'entend pas reprocher ses fautes et devient de jour en jour plus arrogant. Ses sujets lui

obéissent servilement et le trompent afin de garder
leurs aises. D'après les lois de Qin, on ne saurait exer-
cer plus d'un art à la fois et, si l'on fait erreur, c'est
aussitôt la mort ; or ceux qui observent les étoiles et
les émanations sont au nombre de trois cents, ils sont
tous d'excellents savants ; mais, craignant de dire des
choses défendues, ils flattent le monarque et n'osent
pas lui signaler franchement ses fautes. Les affaires de
l'Empire, grandes ou petites, sont toutes décidées par
l'empereur. Il est allé jusqu'à décider de parcourir cent
livres de documents administratifs par jour. Tant qu'il
n'a pas rempli cette mesure, il ne s'accorde pas de repos.
Puisque telle est sa soif d'autorité, nous ne saurions
rechercher en sa faveur la drogue des immortels.

Alors ils s'enfuirent.

L'empereur, apprenant qu'ils avaient disparu, se
mit fort en colère et dit :

– Auparavant, j'ai recueilli les livres de l'Empire
et, ceux qui étaient inutiles, je les ai tous supprimés.
J'ai appelé de partout une grande multitude de lettrés,
de magiciens et de savants ; je me proposais par là
de faire fleurir une grande paix ; les magiciens, j'ai
voulu les choisir afin qu'ils recherchent la drogue
merveilleuse. Maintenant, j'apprends que Han Zhong
est parti sans m'en donner avis, que Xu Shi et ses
collègues ont fait des dépenses qui se chiffrent par
myriades de pièces de monnaie et qu'en définitive
ils n'ont pas trouvé la drogue. C'est uniquement
de leurs bas intérêts qu'ils s'entretenaient et qu'ils

m'informaient chaque jour. Quant à maître Lu et à ses collègues, je les ai comblés d'honneurs et de présents ; or ils me calomnient afin d'incriminer mes fautes. Les lettrés qui sont à Xianyang, j'enverrai des gens les interroger ; il en est qui répandent de faux bruits afin de semer le trouble parmi les têtes noires.

Il chargea donc les enquêteurs impériaux de soumettre à un interrogatoire minutieux les lettrés ; ceux-ci se rejetèrent la faute les uns sur les autres ; alors l'empereur désigna lui-même ceux qui avaient violé ses défenses : ils étaient au nombre de quatre cent soixante environ ; il les fit tous périr à Xianyang ; il le fit savoir dans tout l'Empire afin que cela serve d'avertissement pour l'avenir. Il déporta en plus un grand nombre des condamnés qu'il envoya à la frontière. Le fils aîné de l'empereur, Fusu, le blâma en ces termes :

– L'Empire vient à peine d'être pacifié. Les têtes noires des régions éloignées ne sont pas encore réunies à nous. Les lettrés parlent tous de Confucius et le prennent pour règle ; or maintenant Votre Majesté les enchaîne tous par des lois sévères. Votre sujet craint que l'Empire ne soit pas calme ; que Votre Majesté y fasse attention.

L'empereur, irrité, envoya Fusu dans le nord surveiller Meng Tian dans la commanderie de Shang.

Sima Qian, *Mémoires historiques*, chap. 6,
Annales du Premier empereur

Liu Xiang, dans son Jardin d'anecdotes, *relate la même histoire de manière différente.*

Lorsque le Premier empereur eut unifié l'Empire, il se livra à d'excessives prodigalités. Il régna en tout trente-cinq ans, et ne s'arrêta jamais. Il fit construire des routes. De Jiuyuan à Yunyang, il fit creuser les montagnes et combler les vallées pour que la voie soit directe. Regrettant l'étroitesse des palais des souverains précédents, [...] il fit bâtir une nouvelle cour, le palais Afang, long de cinq cents pas d'est en ouest et de cinquante *zhang* du nord au sud. Il pouvait contenir dix mille personnes, et était assez haut pour des bannières de cinq *zhang*. [...] [Constatant cette démesure], le magicien originaire de Han, maître Hou, et maître Lu, de Qi, se dirent :

— Nous ne pouvons pas rester plus longtemps ici. L'empereur se plaît à établir son prestige par les supplices et les exécutions. Les gens, par crainte d'être punis et par désir de conserver leurs appointements, n'osent pas se montrer fidèles jusqu'au bout. L'empereur ne s'entend pas reprocher ses fautes et devient de jour en jour plus arrogant. Ses sujets lui obéissent servilement et le trompent afin de garder leurs aises. Le souverain ne tolère aucune remontrance, si bien que sa façon de gouverner est chaque jour plus désastreuse. Si nous restons auprès de lui, il finira par nous tuer.

Alors, ils s'enfuirent.

L'empereur, apprenant qu'ils avaient disparu, se mit fort en colère et dit :

— Je n'ai cessé de combler d'honneurs et de présents maître Lu ; je l'ai en outre employé. Or il me calomnie afin de m'incriminer. J'ai même appris que les lettrés répandent de faux bruits afin de semer le trouble parmi les têtes noires.

Il chargea donc les enquêteurs impériaux de soumettre à un interrogatoire minutieux les lettrés ; ceux-ci se rejetèrent la faute les uns sur les autres. Ceux qui avaient violé ses défenses étaient au nombre de quatre cent soixante environ ; il les fit tous périr. Maître Lu demeurait introuvable, mais on parvint à capturer maître Hou. L'empereur fut mis au courant et ordonna qu'on l'amène. Il monta sur la terrasse Adong et parcourut du regard un carrefour dans la ville. Il s'apprêtait à énumérer les crimes de maître Hou, puis à le faire écarteler. À sa vue, l'empereur dit avec emportement :

— Vieillard infâme, tu as calomnié ton souverain et tu oses reparaître !

Le lettré, arrivé sur le lieu de son exécution, s'adressa à l'empereur :

— Lorsqu'on est près de la mort, il faut savoir être courageux. Votre Majesté souhaiterait-elle entendre ce que j'ai à lui dire ?

Le souverain répondit :

— Que veux-tu me dire, parle !

– Yu le Grand établit un poteau aux critiques[8] afin de connaître ses propres égarements. Or vous vous êtes sans cesse livré à de folles prodigalités. [...] Les têtes noires sont épuisées ; le peuple est à bout de souffle. Et ceci, Votre Majesté ne le sait pas. Par crainte des critiques, vous intimidez vos sujets. Ils demeurent dans le silence, et vous, dans la surdité. C'est pourquoi nous nous sommes enfuis. Nous ne cherchions pas à nous préserver, nous craignions simplement l'anéantissement du pays. Les sages souverains du passé mangeaient avec frugalité, se vêtaient simplement, bâtissaient des palais modestes, et leurs chars ne leur servaient pas à parader. C'est pour cela que ni le Ciel, ni les têtes noires ne les rejetèrent. Le souverain Yao vivait sous un toit de chaume, les colonnes de sa demeure n'étaient que des troncs mal dégrossis. Sa maison était certes rudimentaire, mais il vécut dans la joie jusqu'à la fin de sa vie. Cela parce qu'il privilégia la substance à l'ornement. Danzhu[9], quant à lui, avait une nature fière et violente. Il se laissa aller à la débauche, et eut une conduite déraisonnable. C'est pourquoi il n'accéda pas au trône. Les excès de Votre Majesté sont dix mille fois supérieurs à ceux de Danzhu ;

8. Ce souverain légendaire aurait dressé un poteau sur lequel tout homme pouvait aller inscrire ses critiques sur le gouvernement. D'autres textes attribuent à Yao cette invention.

9. Danzhu était le fils du souverain Yao. Ce dernier l'écarta de la succession et abdiqua en faveur de Shun, son beau-fils.

ils sont le décuple de ceux de Kunwu, de Jie et de Zhòu[10]. Dans de telles conditions, j'ai bien peur que votre dynastie s'achemine irrémédiablement vers sa chute.

L'empereur garda le silence un moment, puis dit :

— Pourquoi ne m'as-tu pas dit cela plus tôt ?

Maître Hou répondit alors :

— Votre Majesté ne fait que flotter parmi les nuages en se plaisant à contempler de belles choses et en s'enorgueillissant de sa sagesse et de sa puissance. Par là, vous faites honte aux Cinq Souverains et aux Trois Rois[11]. Vous vous êtes détourné de la simplicité pour aller vers les raffinements. Les présages de votre chute sont visibles depuis longtemps déjà. Moi et d'autres avons craint que nos remontrances n'aient aucun effet et nous conduisent à notre perte, aussi nous sommes-nous enfuis et n'avons-nous pas osé parler. Je dois maintenant mourir, et, même si je ne parviens pas à prévenir votre perte, j'aurais au moins averti Votre Majesté.

L'empereur lui demanda alors :

— Puis-je changer quelque chose à cela ?

Maître Hou répondit :

10. Kunwu était un chef qui fut vaincu par les Shang lorsque la dynastie des Xia s'effondra. Cf. p. 44, note 13.

11. Les trois rois vertueux qui ont fondé les dynasties de Xia, de Shang et de Zhou, soit Yu le Grand, Tang et le roi Wu des Zhou.

— Tout est déjà en place. Que Votre Majesté prenne un siège et attende sa chute. Pour éviter cela, il faudrait que Votre Majesté soit comme Yao ou Yu le Grand, sans quoi, il n'y a aucun avenir. Vos ministres ont eu tort, et je crains bien qu'on ne puisse revenir sur ce qui a été fait.

L'empereur soupira profondément et gracia l'homme.

Liu Xiang, *Jardin d'anecdotes*, chap. 20

Un texte du début de notre ère brode sur l'événement et nous donne quelques détails sur le piège qu'aurait tendu l'empereur aux quatre cent soixante lettrés qu'il fit périr.

Les Qin ordonnèrent l'autodafé des livres parce que le souverain s'affligeait de ce que l'Empire ne se conformât pas aux nouvelles lois. Lorsque les lettrés arrivaient, il les nommait gentilshommes du palais ; sept cents furent promus de la sorte. Durant l'hiver, il ordonna en secret de planter une citrouille dans un endroit tempéré au fond d'un fossé près du mont Li. Lorsque la plante eut donné des fruits, il convoqua les lettrés et leur fit discuter du phénomène. Tous émirent des opinions différentes, l'empereur leur commanda alors de descendre dans le fossé pour examiner la plante de plus près. Il avait fait disposer un mécanisme caché et, lorsque les lettrés furent descendus, tandis qu'ils continuaient à débattre sans parvenir à aucune conclusion, il déclencha la machine, qui remplit le fossé de terre, les écrasant tous. On n'entendit alors plus rien.

> Wei Hong, « Préface au *Recueil de textes officiels en caractères anciens établi sur commande impériale* »[12]

Le philosophe Wang Chong (vers 27-100 ap. J.-C.) analyse et distingue clairement les deux événements historiques (l'autodafé et les exécutions de lettrés), qui furent pour lui amalgamés et exagérés par les lettrés confucéens des Han.

Voici ce qu'on raconte : « Le Premier empereur fit brûler le *Classique de la poésie* et le *Classique des documents* et fit enterrer les lettrés. » « Brûler le *Classique de la poésie* et le *Classique des documents* » signifie se débarrasser des Cinq classiques et des autres textes[13] ; « enterrer les lettrés » signifie faire disparaître les personnes possédant ces livres. En brûlant les livres et en exécutant leurs détenteurs, les classiques n'ont plus été transmis. Les classiques furent certes brûlés, des lettrés furent bien exécutés, mais il est faux et exagéré d'affirmer que ces personnes furent exécutées dans le but de venir à bout des classiques.

La trente-quatrième année du règne du Premier empereur[14], une réception fut organisée à Xianyang.

---

12. Texte cité dans un commentaire de Yan Shigu (581-645 ap. J.-C.) au *Livre des Han* de Ban Gu. Wei Hong fut actif vers l'an 25 de notre ère.

13. C'est-à-dire les textes confucéens.

14. 213.

Soixante-dix lettrés vinrent lui présenter leurs vœux de longue vie. [...] Chunyu Yue, de Qi, s'avança alors pour critiquer le Premier empereur [...]. Li Si réfuta les arguments de Chunyu Yue [...] et le Premier empereur agréa ses propositions. L'année suivante, soit la trente-cinquième année[15], les lettrés répandirent de fausses rumeurs dans Xianyang. Le Premier empereur ordonna au grand secrétaire de faire une enquête et de les interroger. Les lettrés qui dénoncèrent leurs confrères furent relâchés. Quatre cent soixante-sept personnes furent accusées d'avoir enfreint les lois et toutes furent exécutées.

L'autodafé des classiques est la conséquence des remontrances de Chunyu Yue ; l'exécution des lettrés a pour cause les rumeurs propagées par les lettrés. Quatre cent soixante-sept personnes furent ainsi enterrées vivantes. Il est donc exagéré de dire que les lettrés furent tués afin de se débarrasser des classiques ; et il est faux et exagéré d'affirmer que *tous* les lettrés de l'époque furent enterrés vivants.

Wang Chong, *Discussions critiques*, chap. 25

15. 212.

UN PALAIS POUR DISPARAÎTRE DANS L'IMMORTALITÉ

212-210

En 212, le Premier empereur fait construire une capitale à la mesure de son empire. Il fait tout pour demeurer caché et mystérieux aux yeux du monde, comme le préconisait Han Fei.

Le vrai monarque est celui qui fait de l'Empire ses oreilles et ses yeux. Depuis les profondeurs de son palais, il illumine le pays. Nul ne peut se cacher, nul ne peut le tromper. Pourquoi ? Parce que des instruments de connaissance se sont substitués aux sources du désordre.

Hanfeizi, chap. 14

La Voie réside dans l'invisible,
L'action, dans le secret.
Dans le calme et la vacuité, le souverain est sans affaire.
Dans l'ombre, il perçoit les défauts.
Il voit, mais n'est pas vu.
Il entend, mais n'est pas ouï.
Il sait sans que l'on sache.

Hanfeizi, chap. 5

Le Premier empereur, considérant que la population de Xianyang était nombreuse et que le palais des rois, ses prédécesseurs, était petit, dit :

– Le roi Wen[1] des Zhou eut sa capitale à Feng, le roi Wu eut la sienne à Hao. Ainsi, le territoire compris entre ces deux villes est le siège des souverains.

Il entreprit alors la construction d'un palais pour les audiences, au sud de la rivière Wei, au milieu du parc Changlin. Il commença par bâtir la salle antérieure à côté de la capitale. D'est en ouest, elle mesurait cinq cents pas, et cent du sud au nord. En haut, on pouvait faire asseoir dix mille hommes ; en bas, il était possible de dresser des étendards de cinquante pieds. Une route cavalière circulaire formait un chemin suspendu. À partir du bas du pavillon on allait en ligne droite jusqu'à la montagne du Sud et on avait dressé un arc de triomphe à la cime de la montagne pour figurer la porte. On fit un chemin couvert qui, partant de Afang, traversait la rivière Wei et se rattachait à Xianyang, symbolisant ainsi le chemin suspendu de Tianji, qui traverse la Voie lactée et aboutit à la constellation Yingshi. Quand le palais Afang n'était pas encore terminé, on voulait, quand il serait achevé, le baptiser d'un nouveau nom. Mais, comme on avait construit le palais près de la

---

1. Père du roi Wu, fondateur effectif de la dynastie des Zhou.

capitale, tout le monde l'appela le palais Afang[2]. Plus de sept cent mille hommes qui avaient subi le châtiment de la castration furent alors envoyés, les uns à la construction du palais Afang, les autres à la construction de la sépulture de la montagne Li. On tira des montagnes du Nord un sarcophage en pierre ; puis on transporta par flottage des bois de construction des régions de Shu et de Chu.

À l'intérieur des passes, on comptait trois cents palais ; à l'extérieur, plus de quatre cents. On dressa une pierre au bord de la mer orientale, dans le territoire de Qiu, pour marquer la porte orientale de Qin. Ensuite on transféra trente mille familles dans la ville de Li et cinquante mille familles à Yunyang ; elles furent toutes dès lors exemptées de corvées pour dix ans.

Sima Qian, *Mémoires historiques,* chap. 6,
Annales du Premier empereur

En 219, deux ans après l'unification, l'empereur commence sa quête de l'immortalité. Il ne cessera de s'entourer de magiciens et d'alchimistes qu'il chargera d'élaborer un élixir de longue vie.

Xu Shi, originaire du pays de Qi, et d'autres personnes firent une requête en ces termes :

— Au milieu de la mer, il y a les trois montagnes surnaturelles ; leurs noms sont Penglai, Fangchang

2. Afang signifie littéralement « situé à côté ».

et Yingzhou. Les immortels y habitent. Nous demandons qu'il nous soit permis, après nous être purifiés, de partir avec des jeunes garçons et des jeunes filles à leur recherche.

Alors l'empereur envoya Xu Shi et fit partir avec lui plusieurs milliers de jeunes garçons et de jeunes filles ; ils prirent la mer pour aller à la recherche des immortels.

Nul n'entendit plus parler de cette expédition ; certains pensent qu'elle atteignit les îles du Japon. En 215, l'empereur envoie d'autres hommes chercher l'élixir d'immortalité.

Puis l'empereur envoya Han Zhong, Hougong et maître Shi à la recherche des immortels et de la drogue qui empêche de mourir.

En 212, peu après l'autodafé.

Maître Lu conseilla l'empereur en ces termes :

– Votre sujet et ses compagnons ont recherché la drogue merveilleuse de la plante *zhi*[3] ; les immortels ont toujours été introuvables ; il semble qu'il y a quelque être qui les gêne. Dans les règles magiques, il est dit : « Le Maître des hommes prend parfois l'incognito afin d'éviter les mauvais génies ; les mauvais génies étant évités, l'Homme Véritable vient. Si l'endroit où demeure le Maître des hommes est

---

3. Plante magique censée procurer l'immortalité.

connu de ses sujets, cela gêne les dieux. L'Homme Véritable entre dans l'eau sans se mouiller ; il entre dans le feu sans se brûler ; il monte sur les nuages et les vapeurs ; il est aussi éternel que le ciel et la terre. » Maintenant Votre Majesté gouverne l'Empire sans avoir encore pu prendre le moindre repos. Nous désirons que Votre Majesté ne permette à aucun homme de savoir dans quel palais elle se trouve ; dès lors la drogue de l'immortalité pourra peut-être être obtenue.

L'empereur dit alors :

– J'imiterai les Hommes Véritables.

En parlant de lui-même, il s'appela « l'Homme Véritable » et ne dit pas *zhen*[4]. Puis il ordonna que, dans un rayon de deux cents lieues aux environs de Xiangyang, les deux cent soixante dix palais qui s'y trouvaient fussent mis en communication entre eux par des chemins couverts et par des chemins bordés de murs. Des tentures, des rideaux, des cloches, des tambours, de belles femmes les remplissaient et avaient leurs places respectives ; on ne les transportait pas d'un palais à l'autre. Lorsque l'empereur favorisait de sa venue quelque endroit, si quelqu'un disait où il se trouvait, son crime était digne de mort.

---

4. *Zhen* est le pronom personnel que le Premier empereur réserva à sa personne lorsqu'il créa l'Empire. Ici, il change cette appellation, et décide de se désigner par le nom de « Homme Véritable » (*zhenren*).

L'empereur alla dans le palais du mont Lian. Du haut de la montagne, il vit que les chars et les cavaliers du conseiller étaient fort nombreux et il ne l'approuva pas. Parmi les gens du palais, quelqu'un rapporta le propos au conseiller qui, à la suite de cela, diminua le nombre de ses chars et de ses cavaliers. L'empereur se mit en colère et dit :

— L'une des personnes du palais a divulgué mes paroles.

Il fit subir des interrogatoires, mais personne n'avoua. Il ordonna alors d'arrêter tous ceux qui avaient été auprès de lui en ce temps et les fit tous périr : à partir de ce moment, personne ne sut où il était quand il se déplaçait.

En 210, peu avant sa mort, il se trouve à Langye, au bord de la mer, à l'est.

Le magicien Xu Shi et d'autres étaient allés sur mer à la recherche de la drogue des immortels. Plusieurs années s'étaient écoulées sans qu'ils ne l'aient trouvée. Ils avaient fait de grandes dépenses et craignaient d'être blâmés ; c'est pourquoi ils dirent faussement :

— On peut trouver la drogue du Penglai. Mais nous en avons toujours été empêchés par le grand poisson *jiao* et c'est pourquoi nous n'avons pas pu y parvenir. Nous désirons proposer qu'un excellent archer nous soit adjoint ; quand le poisson apparaîtra, il lui tirera des flèches avec une arbalète à répétition.

L'empereur rêva qu'il combattait un dieu de la mer qui avait la figure d'un homme. Il interrogea un lettré au vaste savoir qui interprétait les songes. Il lui dit :

— Si le dieu des eaux ne peut être vu, c'est parce qu'il est gardé par les grands poissons et par les dragons. Maintenant, que Votre Majesté fasse des prières et des sacrifices, qu'elle soit prête et attentive ; et si ces mauvais esprits sont là, il faudra les écarter ; alors les dieux bons pourront être invoqués.

L'empereur ordonna donc à ceux qui allaient sur mer de s'équiper pour prendre le gros poisson. Lui-même, armé d'une arbalète, attendit que le grand poisson sorte afin de tirer sur lui. Il alla de Langye jusqu'au mont Yongcheng sans rien voir. Arrivé au mont Zhifu, il aperçut un grand poisson ; il tira et le tua ; puis il longea le bord de la mer. Lorsqu'il arriva dans l'ouest au gué de Pingyuan, il tomba malade.

Sima Qian, *Mémoires historiques*, chap. 6,
Annales du Premier empereur

Cette dernière tentative pour trouver l'élixir de longue vie s'avéra fatale. La maladie qu'il contracta après avoir tué ce mystérieux poisson aura raison de lui.

LA MORT DE L'EMPEREUR
ET SA SUCCESSION

211-210

Après avoir fondé son empire, le souverain avait interrogé ses ministres sur la question de sa succession. Quelle règle de dévolution des pouvoirs devrait-on appliquer : le choix du meilleur successeur, la manière la plus noble car fondée sur des précédents prestigieux, ou la succession héréditaire, la plus courante ?

Quand le Premier empereur eut annexé le monde sous le Ciel, il convoqua ses ministres pour les consulter :

— Les Cinq Souverains de la haute Antiquité ont chacun cédé leur trône à un homme sage. Ceux des trois dynasties[1] ont préféré transmettre le pouvoir à leurs descendants. De ces deux systèmes, lequel est juste ? C'est le plus juste que j'appliquerai.

Aucun des soixante-dix lettrés présents ne répondit. Baobai Lingzhi finit par prendre la parole :

— Si vous considérez l'Empire comme la propriété de tous, le système le plus juste est de choisir un homme sage pour vous succéder. Si vous considérez que l'Empire est vôtre, il est normal que le pouvoir

---

1. Les dynasties Xia, Shang et Zhou.

soit transmis à votre descendance. Pour les Cinq Souverains, l'Empire appartenait à tous, d'où leur décision. Pour ceux des trois dynasties, il était leur possession ; ainsi l'ont-ils légué à leurs enfants.

— Ma vertu me vient des Cinq Souverains, répondit le Premier empereur, les yeux levés vers le Ciel. Je veux que l'Empire soit la propriété commune de tous. Qui pourra donc me succéder ?

Baobai Lingzhi répondit :

— Vous suivez le chemin des tyrans Jie et Zhòu[2]. Même si vous souhaitez reproduire l'exemple des Cinq Souverains, vous ne le pouvez pas.

— Approchez, dit le Premier empereur en colère. Comment pouvez-vous me comparez à ces souverains de perdition. Justifiez-vous, sinon vous mourrez !

— Laissez-moi vous expliquer. Vos bâtiments percent les nuages, vos palais s'étendent sur cinq lieues, vos cloches pèsent une fortune. Votre demeure recèle de jolies femmes, de musiciens et de chanteurs. Depuis le mont Li, vos palais se succèdent jusqu'à Yong. Vous accaparez toutes les richesses et toutes les forces du peuple. Vous n'écoutez que vous-même ; vous confisquez tout sans en faire profiter les autres. Vous êtes un roi qui ne vit que pour lui-même. Dans de telles conditions, pourrait-on dire que vous rivalisez en vertu avec les Cinq Souverains et que vous désirez faire de l'Empire un bien public ?

2. Cf. p. 44, note 13.

L'empereur, l'air gêné, ne sut que répondre. Au bout d'un long moment, il dit :

— Vos paroles m'attireront le mépris de tous !

Et il ne mentionna plus jamais le choix d'un successeur parmi les sages.

Liu Xiang, *Jardin d'anecdotes*, chap. 14

À la fin de son règne, il semble que les signes de mauvais augure se multiplient.

La trente-sixième année[3], [...] il y eut une étoile filante qui tomba dans la commanderie de Dong. Arrivée à terre, c'était une pierre. Un homme du peuple grava sur cette pierre les mots : « À la mort du Premier empereur, le territoire se divisera. » Le souverain l'apprit et envoya des enquêteurs instruire l'affaire ; personne n'avoua. Il fit arrêter toutes les personnes qui demeuraient dans le voisinage de la pierre et les fit périr ; puis il détruisit la pierre par le feu. L'empereur était attristé ; il chargea les lettrés au vaste savoir de composer des chants sur les immortels et les Hommes Véritables, ainsi que sur les voyages qu'il avait faits dans l'Empire. Puis il remit ces chants aux musiciens en leur ordonnant de les chanter et de les jouer.

En automne, un envoyé, venant de l'est des passes, se trouvait marcher de nuit sur le chemin de

3. 211.

Pingshu, à Huayin. Un homme tenant un anneau de jade arrêta l'envoyé et lui dit :

— Remettez cela de ma part au prince de l'étang de Hao[4].

Puis il ajouta :

— Cette année le dragon ancêtre mourra.

L'envoyé lui demanda des explications, mais soudain l'homme devint invisible et s'en alla en laissant son anneau de jade. L'envoyé présenta l'anneau au trône en faisant un rapport complet. L'empereur resta silencieux pendant un fort long temps, puis déclara :

— La prescience d'un génie des montagnes ne s'étend certainement pas au delà des événements d'une année.

Quand il se fut retiré, il dit :

— Le dragon ancêtre, c'est le souverain des hommes.

Il chargea le comité des enquêteurs impériaux d'examiner l'anneau. C'était celui qu'il avait jeté dans l'eau en traversant le fleuve Bleu lors du voyage qu'il avait fait la vingt-huitième année[5].

---

4. Hao était la capitale des Zhou occidentaux. Comme les Qin avaient succédé aux Zhou, le prince de l'étang de Hao n'est autre que le Premier empereur.

5. Selon certains commentateurs, l'homme mystérieux que rencontra l'envoyé était le dieu du fleuve Bleu. Or, les Qin régnaient par la vertu de l'eau. En rendant l'anneau à

Conspiration à la mort de l'empereur.

L'empereur n'aimait pas qu'on parle de la mort ; parmi ses sujets personne n'osa l'entretenir de sujets funèbres. [Après avoir tué le grand poisson au gué de Pingyuan], l'empereur devint de plus en plus malade ; il fit alors une lettre scellée qui devait être remise à son fils aîné Fusu et dans laquelle il lui disait :

— Rendez-vous à Xianyang avec mon cortège mortuaire et enterrez-moi là.

La lettre étant terminée, elle fut confiée au bureau chargé de la transmission des brevets et ordres scellés, bureau qui dépendait de l'eunuque Zhao Gao, chef des attelages du palais. Elle n'avait pas encore été remise à un messager lorsqu'au septième mois, le jour *bingyin*, l'empereur mourut sur la terrasse Ping à Shaqiu. Li Si, considérant que l'empereur était mort loin de la capitale et craignant que les princes et l'Empire ne fissent une révolution, tint la chose secrète et n'annonça pas le décès. Le cercueil fut placé dans une voiture de repos. L'eunuque qui avait été le préféré du mort était avec lui dans le char. Partout où on arrivait, on apportait la nourriture de l'empereur et les divers fonctionnaires lui présentaient leurs requêtes comme par le passé. L'eunuque, parlant de l'intérieur de la voiture, approuvait aussitôt leurs requêtes. Il n'y avait que Huhai, fils cadet de

son propriétaire, le dieu lui indiquait la chute prochaine de sa dynastie.

l'empereur, Zhao Gao et cinq ou six eunuques préférés qui savaient que le souverain était mort. Zhao Gao avait autrefois enseigné à Huhai l'écriture et ce qui concerne les codes et les lois. Huhai le favorisait secrètement ; alors Zhao Gao, le prince Huhai et Li Si complotèrent secrètement, puis détruisirent la lettre que l'empereur avait écrite pour Fusu. Ils prétendirent au contraire que Li Si avait reçu de l'empereur, à Shaqiu, un décret testamentaire par lequel Huhai était nommé héritier présomptif. En outre, ils forgèrent une lettre qu'ils envoyèrent au prince Fusu et à Meng Tian, dans laquelle ils les accusaient de crimes divers et leur ordonnèrent de se suicider. Ce récit se trouve dans la biographie de Li Si.

Le cortège impérial avança, passa par Jingjing et arriva à Jiuyuan. Il faisait chaud, aussi de la voiture de l'empereur s'exhalèrent de mauvaises odeurs. Un décret ordonna aux fonctionnaires du cortège de charger dans chaque char dix *shi* de poisson salé, afin de couvrir l'odeur. Le voyage se poursuivit ; on arriva par le chemin direct à Xianyang et on annonça le décès.

L'héritier présomptif Huhai assura la succession. Ce fut le Second empereur.

Sima Qian, *Mémoires historiques*, chap. 6,
Annales du Premier empereur

Le tombeau.

On enterra le Premier empereur dans la montagne Li, que, dès le début de son règne, le souverain avait fait creuser et arranger. En effet, quand il eut réuni dans ses mains tout l'Empire, les travailleurs qui y furent envoyés furent au nombre de plus de sept cent mille. On creusa le sol jusqu'à l'eau ; on y coula du bronze et on y amena le sarcophage ; des palais, des bâtiments pour toutes les administrations, des ustensiles merveilleux, des joyaux et des objets rares y furent transportés et enfouis et remplirent la sépulture. Des artisans reçurent l'ordre de fabriquer des arbalètes et des flèches automatiques ; si quelqu'un avait voulu faire un trou et s'introduire dans la tombe, elles lui auraient soudain tiré dessus. On fit avec du mercure les cent cours d'eau, le fleuve Bleu, le fleuve Jaune, et la vaste mer ; des machines le faisaient couler et se le transmettaient les unes aux autres. En haut étaient figurés tous les astres du ciel ; en bas toute la disposition géographique. On fabriqua avec de la graisse de phoque des torches qu'on avait calculé ne pouvoir s'éteindre de longtemps. Le Second empereur dit :

– Il ne faut pas que celles des femmes de l'empereur décédé qui n'ont pas eu de fils soient mises en liberté.

Il ordonna que toutes le suivent dans la mort ; ceux qui furent exécutés furent très nombreux. Quand le cercueil eut été descendu, quelqu'un dit que les ouvriers et les artisans qui avaient fabriqué les machines et caché les trésors savaient tout ce qui en était et que la grande valeur de ce qui avait été enfoui serait donc divulguée. Quand les funérailles furent terminées et qu'on eut dissimulé et bouché la voie centrale qui menait à la sépulture, on fit tomber la porte à l'entrée extérieure de cette voie et on enferma tous ceux qui avaient été employés comme ouvriers ou artisans à cacher les trésors ; ils ne purent pas ressortir. On planta des herbes et des plantes pour que la tombe eût l'aspect d'une montagne.

Sima Qian, *Mémoires historiques*, chap. 6,
Annales du Premier empereur

Ce texte est le seul à fournir une description du tombeau du Premier empereur. La sépulture fut retrouvée par hasard en 1974. Elle appartient à un ensemble immense, une nécropole démesurée bâtie entièrement pour le monarque. On découvrit, près du tombeau, environ huit mille statues de guerriers en terre cuite. Sima Qian n'en fait aucune mention. Le secret a semble-t-il été parfaitement gardé.

À ce jour, la tombe en elle-même n'a pas encore été ouverte, mais des relevés chimiques indiquent une concentration de mercure anormalement élevée...

LA CHUTE DES QIN

210-202

L'Empire des Qin ne survécut pas longtemps à son fondateur. Huhai assuma la dignité de Second empereur des Qin, mais rapidement, des troubles apparurent. Différents chefs s'insurgèrent et se disputèrent le pouvoir. L'Histoire a retenu les noms de Chen She († 208), qui fonda l'éphémère royaume de Chen, Xiang Yu (232-202), roi de Chu, et Liu Bang († 195), roi de Han. Ce dernier sera le fondateur de la dynastie impériale des Han qui se maintiendra quatre cents ans.

Après la mort du Premier empereur, le prestige qu'il avait laissé fut encore redoutable, même aux yeux des peuples étrangers. Chen She était né dans une famille où la fenêtre était faite du goulot d'une cruche cassée, où une corde servait de gonds à la porte. Il faisait partie de gens de basse condition nouvellement arrivés dans le pays, et c'était un compagnon de déportés. Ses capacités n'atteignaient pas la moyenne ; il n'avait point la sagesse de Confucius ou de Mozi, ni la richesse de Tao Zhu ou Yi Dun. Il marquait ses pas dans les rangs du vulgaire. Il s'élança du milieu d'escouades de dix et de cent hommes. Se mettant à la tête de soldats en déroute et débandés, n'ayant sous ses ordres que quelques centaines d'hommes, il n'en attaqua pas moins Qin. Des bâtons coupés lui tenaient lieu d'armes ; des perches dressées lui servaient d'étendards. L'Empire entier se rassembla autour de lui comme des nuages et lui répondit comme l'écho. Ils chargèrent leurs vivres sur leurs épaules et le suivirent comme son ombre. Aussitôt les hommes vaillants à l'est des montagnes se soulevèrent tous ensemble et détruisirent la Maison de Qin.

Jia Yi, « Réquisitoire contre Qin »

Lorsque les Qin perdirent leur domination, Chen She fut le premier à commencer la révolte. Les braves s'élancèrent comme un essaim d'abeilles et se combattirent les uns les autres en nombre incalculable. Xiang Yu n'avait cependant ni un pied ni un pouce de terre. Profitant de l'occasion, il s'éleva du milieu des sillons. Au bout de trois ans, il commandait à cinq feudataires, avait écrasé Qin, partageait l'Empire et nommait des rois et des feudataires. L'autorité émanait de lui ; son titre était « roi suprême ». Quoiqu'il n'ait pas gardé cette dignité jusqu'au bout, depuis l'Antiquité, il n'y en a jamais eu de si grande. Par la suite il viola un traité relatif aux passes et regretta le pays de Chu[1] ; il chassa l'empereur légitime[2] et

1. Chu était le pays natal de Xiang Yu.
2. Pour Sima Qian, l'empereur légitime était Liu Bang, le fondateur des Han.

se donna le pouvoir à lui-même. Il s'irrita de ce que les rois et les feudataires se révoltaient contre lui. Quelles difficultés ne s'attirait-il pas ainsi ! Il s'enorgueillit de ses exploits guerriers, s'enivra de sa propre sagesse et ne prit pas modèle sur l'Antiquité. Sous le prétexte d'agir en roi suprême, il voulait s'imposer par la force et régler à son gré tout l'Empire. La cinquième année, il perdit soudain son royaume et mourut à Dongcheng[3]. [...]

Après la mort du roi Xiang Yu, tous les gens du territoire de Chu se rendirent au Han. Seul le pays de Lu ne se soumit pas. Alors le Han amena les soldats de l'Empire, dans le dessein de passer les habitants de Lu au fil de l'épée ; mais, considérant qu'ils avaient observé les rites et la justice et qu'ils étaient restés fidèles à leur maître jusqu'à la mort, on prit la tête du roi Xiang Yu et on la montra aux gens de Lu. Les hommes âgés du pays de Lu se soumirent alors.

Sima Qian, *Mémoires historique*, chap. 7,
Biographie de Xiang Yu

3. Lors une bataille qui l'opposa aux troupes de Liu Bang, alors à la tête de l'État de Han, Xiang Yu fut fait prisonnier et se suicida.

VRAIE *HYBRIS*
OU FAUSSE LÉGENDE ?

Dans les sources textuelles transmises, l'image du Premier empereur et de la courte dynastie qu'il fonda dépendit de la conception que les lettrés confucéens des Han s'en étaient faite et qu'ils voulurent transmettre. Les souverains de cette dernière dynastie, afin de s'imposer face au peuple et face à l'élite intellectuelle, abolirent de nombreuses mesures prises par le Premier empereur (levée des interdits concernant les livres, création de fiefs, retour à un certain classicisme en matière juridique, rétablissement des titres posthumes...), tout en s'appuyant néanmoins sur son œuvre en matière d'unification et de centralisation. Il leur fallait à tout prix diaboliser les Qin pour mettre en valeur leur propre régime, les Han.

Le Huainan zi, un texte encyclopédique compilé pendant le règne de l'empereur Wu des Han (r. 141-87) sous le patronage d'un prince impérial, est particulièrement éloquent à cet égard.

Du temps du Premier empereur, certains ont coupé leurs enfants en petits morceaux parce qu'ils souhaitaient en tirer profit. Mais quand le clan Liu[1] fut au

---

1. La famille impériale des Han.

pouvoir, des personnes sans descendance recueillirent des orphelins, car les richesses ne manquaient pas.

Liu An, *Huainan zi*, chap. 9

L'annexion et la possession de territoires se solda par des dizaines de milliers de cadavres, au moins autant de chars fracassés, des rescapés, blessés par les arcs, les arbalètes, les piques, les lances, les flèches ou les pierres, et qui, se soutenant les uns les autres, errèrent sur les chemins. Les têtes devinrent des oreillers, la chair, de la nourriture. Les foies furent réduits en pâté, et le sang servi comme boisson. On eut plus de plaisir à consommer ces foies et ce sang que la viande des porcs et des bovins. [...] À présent[2], le fils du Ciel règne. Il brandit le Dao et sa puissance s'appuie sur la justice et l'humanité, de sorte que ceux qui sont proches mettent leur sagesse à son service et ceux qui sont loin chérissent sa vertu. Il n'a qu'à joindre ses mains sur sa poitrine et faire un signe pour qu'en retour, les Quatre Mers se soumettent et apportent tribut à chaque saison. Le monde sous le Ciel est ainsi unifié.

Liu An, *Huainan zi*, chap. 6

En 134, le savant Dong Zhongshu, spécialiste des classiques confucianistes, répond par trois dissertations aux questions de l'empereur Wu des Han, qui cherche à s'entourer

2. C'est-à-dire sous les Han.

d'hommes de lettres capables de le conseiller dans l'exercice
du pouvoir. Ces dissertations valent à Dong Zhongshu le
poste de Premier ministre ; il devient l'idéologue du régime.
L'empire des Qin et les excès du Premier empereur sont cités
dans ces textes comme des erreurs à éviter : la loi seule ne
permet pas de bien gouverner.

Les sages rois ont paru dans un monde plein de
désordre. Chacun d'eux a remédié à ce désordre en
rétablissant l'éducation et en la plaçant au sommet.
Cela fait, les mœurs se sont amendées ; les générations
suivantes ont continué dans la bonne voie, et tout alla
bien durant cinq ou six siècles. À la fin de la dynastie
des Zhou, les souverains perdirent leur vertu et furent
dépossédés du pays. Les Qin leur succédèrent. Non
seulement ils ne changèrent rien, mais aggravèrent la
situation. [...] Aussi, leur dynastie périt-elle au bout
de quatorze ans. On n'avait jamais vu un tel désordre.
Seuls les Qin ont commis autant de déprédation dans
le pays. Encore aujourd'hui, il reste quelque chose
de leur venin : il reste la braise de l'incendie qu'ils
allumèrent dans le pays. Voilà pourquoi le peuple de
nos jours est si entêté, querelleur et ingouvernable.
Confucius dit : « On ne peut sculpter du bois pourri.
On ne peut façonner un mur de fumier. » Aujourd'hui,
les Han ont succédé aux Qin ; le pays est comme le
bois pourri ou le mur de fumier.

Dong Zhongshu, « Première dissertation »,
conservée dans le *Livre des Han* de Ban Gu, chap. 56

Je sais que lorsqu'un sage souverain gouverne sur le monde, il exhorte les jeunes à l'étude et confère des charges aux adultes en fonction de leurs talents. Les honneurs et les émoluments encouragent la vertu ; les châtiments et les sanctions réfrènent le mal. C'est pourquoi le peuple connaît les usages et la bienséance et a honte de lui-même lorsqu'il offense un supérieur. [...] Il n'en était pas ainsi sous les Qin. On prit pour modèle Shang Yang et Shen Buhai[3] ; on mit en pratique les principes de Han Fei ; on détestait la voie des anciens souverains ; l'avidité devint coutumière. [...] Les suppliciés étaient légion et les cadavres s'amoncelaient, mais les forfaitures ne cessaient pas. Une telle situation s'est généralisée. C'est pourquoi Confucius dit : « Si vous conduisez le peuple par des règles administratives et le contrôlez par des lois pénales, il évitera les actes répréhensibles, mais sera dépourvu du sentiment de honte. »

Dong Zhongshu, « Deuxième dissertation »,
conservée dans le *Livre des Han* de Ban Gu, chap. 56

---

3. Shen Buhai (†337) était un philosophe légiste, ministre de l'État de Han.

Sima Qian dit les choses clairement : Qin était une principauté périphérique, sauvage, qui alla à l'encontre des rites dès sa plus haute Antiquité.

Quand les barbares Quanrong battirent le roi You[4] et que les Zhou se déplacèrent vers Luo, à l'est, le duc Xiang de Qin, fut pour la première fois investi de la dignité de feudataire ; il fit le lieu saint de Si et célébra des sacrifices au Ciel. C'est à ce moment que commença l'usurpation. En effet, les rites stipulent : « Le fils du Ciel sacrifie au Ciel et à la Terre ; les feudataires sacrifient aux montagnes illustres et aux grands cours d'eau qui sont dans leurs territoires respectifs. » Or les Qin jetèrent la confusion avec leurs mœurs de barbares Rong et Di. Ils mirent à l'honneur la cruauté et la méchanceté et rejetèrent au second plan la bienveillance et la justice[5]. Ils n'étaient que des vassaux des frontières, mais célébrèrent les sacrifices en banlieue. Les sages furent saisis de crainte. [...] Au début, Qin était une petite principauté et se trouvait dans un lointain reculé. Les États du centre la traitaient sur le même pied que les barbares Rong et Di. Mais, après le règne du duc Xian[6], Qin eut toujours la prédominance parmi les feudataires. [...] Finalement, il conquit tout le pays.

Sima Qian, *Mémoires historiques*, chap. 15, « Tableau des six royaumes »

---

4. Allusion à des événements qui eurent lieu en 771.
5. Deux vertus cardinales confucéennes.
6. Le duc Xian régna de 384 à 362.

Le Huainanzi *tient le même discours.*

Qin se conduisit comme un loup affamé : il compta sur sa force, négligea la justice et n'agit que par profit. Il put certes devenir puissant au moyen des châtiments, mais fut incapable de réformer le peuple par la bonté. Il réussit certes à stimuler les masses par des récompenses, mais fut incapable de les motiver par des titres adaptés. Il conquit des passes, fit du fleuve Jaune une ceinture et, sur ses quatre frontières, s'assura de sa sécurité. Il tira profit du sol et des avantages du terrain, fit prospérer l'élevage et engrangea les richesses. Le duc Xiao, tel un tigre ou un loup, voulut annexer les autres feudataires. C'est pour cela qu'apparurent les lois de Shang Yang.

Liu An, *Huainan zi*, chap. 21

Mais l'œuvre du Premier empereur ne fut pas complètement délégitimée. Ce que les générations postérieures lui reprochèrent ne fut pas d'avoir réalisé l'unification du territoire, bien au contraire, ce fut un élément positif du règne. Ce sont les excès qui furent critiqués, et certainement exagérés. Au VIIIe-IXe siècle de notre ère, le grand homme de lettres Liu Zongyuan le dit explicitement dans un célèbre texte sur les avantages et les inconvénients du système des fiefs.

Lorsque les Qin obtinrent le monde sous le Ciel, ils transformèrent les seigneuries en commanderies et préfectures, ils supprimèrent les seigneurs et les remplacèrent par des administrateurs. Ayant l'ambition d'occuper tout le monde sous le Ciel, ils fixèrent leur capitale loin à l'ouest, se rendirent maîtres des Quatre Mers, et contrôlèrent l'intérieur du territoire. C'est ainsi qu'ils y parvinrent. Au bout de quelques années à peine, le monde sous le Ciel entra dans la tourmente, non sans raison. Les Qin épuisèrent le peuple par la guerre, brutalisèrent les gens avec des châtiments cruels et s'approprièrent les richesses du pays. Alors, des bandes de laboureurs, munis de houes et de perches, se concertèrent et s'unirent. Leurs appels leur gagnèrent l'appui des foules. Ce fut le peuple qui alors se rebella, non les fonctionnaires : les inférieurs enrageaient, les supérieurs les redoutaient. Le monde sous le Ciel s'unit et se souleva, tuant et abattant les administrateurs. Les causes [de la chute des Qin] sont à chercher dans le ressentiment, et non dans un défaut du système des commanderies.

Liu Zongyuan, « Sur le féodalisme »

L'un des poncifs historiques sur les Qin est de présenter cette dynastie comme ayant des origines barbares, nomades, très différentes de la culture proprement chinoise de l'Antiquité. Or, les découvertes archéologiques faites dans le pays de Qin démontrent le contraire. Cet État fut fondé dans les années 800, peu de temps après le déplacement des Zhou vers l'est, suite aux pressions exercées par des populations non chinoises. L'État de Qin, installé dans la vallée de la Wei, hérita donc de l'ancien territoire des

Zhou et fut dans bien des domaines le conservatoire de la culture des Zhou occidentaux, par exemple dans l'écriture et le mobilier funéraire. Alors que les autres États, Zhou y compris, voyaient peu à peu leur écriture et leur art se modifier, les Qin étaient plus conservateurs. Aussi l'unification de l'écriture, qui imposa sur tout le territoire unifié les graphies de Qin, fut pour les autres États un retour à des graphies classiques que les scribes maîtrisaient déjà peu ou prou.

En matière juridique, les textes historiques présentent les lois de Qin comme cruelles, et surtout appliquées sans distinction de classe ou de hiérarchie, ce qui n'était pas pour plaire aux confucianistes. Or, si Shang Yang et Han Fei prônait ces principes isonomiques, ils ne furent pas appliqués à la lettre. Des textes exhumés en 1975 à Shuihudi (province du Hubei), dans la tombe d'un fonctionnaire des Qin datée de 217, donnent en effet une image fort différente de l'unification.

Dans la tombe ont été trouvés des textes de loi qui documentent abondamment l'aspect pratique de la fonction de juge, et qui témoignent de l'importance des classes et de la hiérarchie dans l'application de la loi. D'après le texte suivant (une sorte de manuel de procédure judiciaire, où A et C remplacent les noms des personnes), un père a droit de vie et de mort sur son fils lorsque ce dernier s'écarte de ses devoirs filiaux.

Cas de dénonciation d'un fils.

Le dénommé A, dans tel village, dit dans sa dénonciation :

– Mon fils C, résidant dans le même village que moi, ne respecte pas la piété filiale. Je viens le dénoncer et demander à ce qu'il soit mis à mort.

Immédiatement, l'ordre est donné au fonctionnaire de la préfecture d'aller l'arrêter. Le fonctionnaire rapporte ceci :

– Avec l'officier de la prison, j'ai arrêté C ; nous l'avons trouvé chez untel.

L'assistant a procédé à l'interrogatoire de C. Voici son rapport :

– C est le fils de A ; il a vraiment manqué à la piété filiale. Aucun autre crime n'est à lui reprocher.

« Fengchenshi », texte trouvé à Shuihudi,
lattes de bambou n°s 50 et 51

Un autre lieu commun consiste à rappeler constamment la brutalité et la soudaineté de l'unification territoriale et culturelle. Un document de la tombe de Shuihudi nous montre que le gouvernement central eut beaucoup de difficultés à imposer ses règles face aux puissantes familles locales, notamment dans le territoire de l'ancienne principauté de Chu, où l'on a trouvé cette sépulture.

Autrefois, les populations avaient des usages locaux, aussi, ce qu'ils estimaient profitable, ce qu'ils aimaient ou détestaient était différent. Cela ne leur était pas bénéfique, et était même préjudiciable au pays. Les souverains éclairés ont alors fait des lois et des règles afin de corriger et de rectifier le peuple, d'éliminer leurs inclinations déviantes et d'éradiquer leurs mauvais usages. Les lois, les règlements et les ordonnances ont pour objectif de guider le peuple, de le détourner de ses penchants vicieux, de l'écarter de ses coutumes pernicieuses afin qu'il agisse dans le bien. [...] Or les lois, les règlements et les ordonnances sont désormais complets, mais ni les fonctionnaires, ni le peuple ne les respectent. Des populations, obéissant à des usages locaux, continuent à se complaire dans la débauche. Cela signifie qu'elles ne tiennent aucun compte des lumineuses lois du souverain.

« Yucong », texte trouvé à Shuihudi,
lattes de bambou n⁰ˢ 1-4

*Ces quelques exemples montrent que l'*hybris *du Premier empereur et les excès qui lui sont attribués en matière juridique ont été beaucoup exagérés. Cependant, la découverte de la nécropole et, entre autres, des guerriers qui la peuplent, témoigne de la démesure manifestée par le monarque. Ce site est en effet d'une ampleur et d'une richesse matérielle jamais vue auparavant en Chine : il s'étend sur environ 50 km², (la moitié de la superficie de Paris intra-muros), les fosses contenant les 8 000 guerriers couvrent 25 000 m². La chambre funéraire où repose l'empereur mesurerait 80 mètres de long sur 50 de large (l'équivalent de trois piscines olympiques) et serait haute de 15 mètres. Les* quelque 600 fosses situées près du mausolée contiennent de véritables trésors. En plus des guerriers, ont été exhumés, par exemple, des ensembles de chariot et de chevaux en bronze, pesant chacun plus de deux tonnes, et ornés avec quinze kilos d'or. Ces vestiges archéologiques sont sans commune mesure avec les milliers de tombes chinoises qui ont été trouvées jusqu'à nos jours.

La véritable histoire du Premier empereur est difficile à reconstituer, mais un élément demeure irrécusable : il a marqué l'histoire de la Chine comme jamais aucun souverain ne l'avait fait.

CHRONOLOGIE

361-338 : Importantes réformes dans le royaume de Qin sous la houlette de son Premier ministre, Shang Yang. L'État se renforce et s'enrichit. Le légisme devient l'idéologie de l'État.

338-250 : Qin accroît sa puissance militaire.

291 : Naissance de Lü Buwei.

280 : Naissance de Li Si dans l'État de Chu.

259 : Naissance de Ying Zheng, futur Premier empereur.

256 : Qin annexe le domaine royal des Zhou. Le roi des Zhou abdique.

250 : Intronisation du roi Zhuangxiang de Qin, auparavant otage dans le royaume de Zhao. Lü Buwei devient son Premier ministre.

247 : Mort du roi Zhuangxiang de Qin. Son fils Ying Zheng lui succède. La régence est assurée par le Premier ministre Lü Buwei. Li Si arrive à Qin et intègre la clientèle de Lü Buwei.

Vers 240-239 : Publication des *Printemps et automnes de Lü Buwei*.

238 : Le roi Ying Zheng accède à la majorité. Lao Ai, amant de la reine mère, est exécuté.

237 : Impliqué dans l'affaire Lao Ai, Lü Buwei est destitué de ses fonctions et exilé. Li Si devient peu à peu le conseiller spécial du roi Ying Zheng.

Vers 235 : Mort du philosophe Xunzi.

235 : Suicide de Lü Buwei.

233 : Han Fei vient à Qin plaider la cause de son État, le Han. Il est emprisonné et se suicide.

232 : Le prince Dan de Yan s'enfuit de Qin, où il était otage.

230-221 : Qin annexe successivement six royaumes adverses : Han, Zhao, Wei, Chu, Yan, Qi.

227 : Tentative d'assassinat du Premier empereur par Jing Ke, envoyé par le Yan.

230 : Annexion du Han.

228 : Annexion du Zhao.

225 : Annexion du Wei. Qin perd une importante bataille contre Chu, dont l'armée était commandée par Li Xin.

223 : Annexion du Chu par le général Wang Jian.

222 : Annexion du Yan.

221 : Annexion du Qi, marquant l'unification du territoire chinois. Le roi Ying Zheng de Qin se proclame Premier empereur. Unification des lois, des poids et des mesures, de l'écriture. Le pays est divisé en trente-six circonscriptions, les commanderies.

219 : Tournée d'inspection du Premier empereur dans l'est. Il célèbre le sacrifice au Ciel sur le mont Tai. Il fait ériger des stèles sur le mont Yi, le mont Tai et le mont Langye.

218 : Tentative d'assassinat du Premier empereur par Zhang Liang. Érection de la stèle du mont Zhifu.

215 : Tournée d'inspection du Premier empereur dans le nord-est. Érection de la stèle de Jieshi.

214 : Meng Tian fait construire, ou relier, des tronçons de la Grande Muraille dans le nord.

213 : Autodafé de tous les ouvrages non orthodoxes, sur le conseil de Li Si.

212 : Construction du palais Afang. Exécution de plus de 460 lettrés. Fusu, fils de l'empereur, critique cette mesure et est exilé aux frontières nord.

210 : Érection de la stèle du mont Kuaiji. Mort du Premier empereur lors de cette tournée d'inspection à l'est. Son fils cadet Huhai lui succède sous le nom de Second empereur des Qin. Li Si fait exécuter le fils aîné du Premier empereur, Fusu. L'empereur est inhumé dans la nécropole du mont Li.

208 : Rébellion de Chen She.

207 : Assassinat du Second empereur.

206 : Xiang Yu et Liu Bang, deux insurgés, se proclament respectivement roi de Chu (à l'est) et roi de Han (à l'ouest).

202 : Liu Bang élimine Xiang Yu et se proclame empereur. Début de la dynastie impériale des Han.

LES DYNASTIES CHINOISES

Le nom d'une dynastie chinoise n'a pas de rapport avec le patronyme de la famille régnante. Il s'agit de la dénomination de l'État, choisie lorsque le souverain fondateur monte sur le trône. Ce nom peut être un terroir (par exemple Han), le nom d'une principauté de l'Antiquité (Qin, Wei, Jin) ou un terme choisi pour son sens (Xin signifie « la nouvelle », Yuan « la primordiale », Ming « la claire », Qing « la pure »).

XIA (dynastie légendaire, 1re moitié du IIe millénaire av. J.-C.)
SHANG (vers 1500-1050)
ZHOU (vers 1050-256) :
– Zhou occidentaux (vers 1050-771)
– Zhou orientaux (771-256) : Printemps et Automnes (722-481) ; Royaumes combattants (403-221)
QIN (221-206)
HAN (206 av. J.-C.-220 ap. J.-C.) :
– Han antérieurs ou Han occidentaux (206 av. J.-C.-9 ap. J.-C.)
– Interrègne des XIN (9-25)
– Han postérieurs ou Han orientaux (25-220)
TROIS ROYAUMES (220-266-280) :

– WEI (220-266)
– SHU (221-263)
– WU (222-280)
JIN (266-420)
DYNASTIES DU SUD ET DU NORD (420-589)
SUI (581-618)
TANG (618-907)
Période des CINQ DYNASTIES (907-960) et des DIX
    ROYAUMES (902-960)
SONG (960-1279), LIAO (907-1125), JIN (1115-
    1234)
YUAN (1279-1367), dynastie mongole
MING (1368-1644)
QING (1644-1911), dynastie mandchoue

ARBRE GÉNÉALOGIQUE

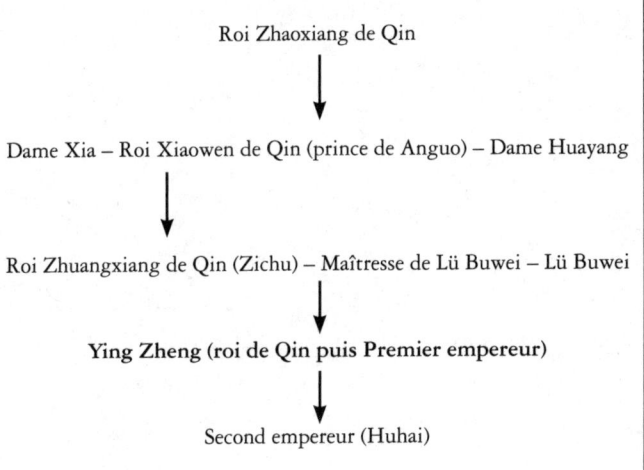

Roi Zhaoxiang de Qin

Dame Xia – Roi Xiaowen de Qin (prince de Anguo) – Dame Huayang

Roi Zhuangxiang de Qin (Zichu) – Maîtresse de Lü Buwei – Lü Buwei

Ying Zheng (roi de Qin puis Premier empereur)

Second empereur (Huhai)

GLOSSAIRE DES NOMS PROPRES ET DES NOTIONS

BA : Région située dans l'actuelle province du Sichuan.

CHU : Puissant État du sud occupant le bassin du moyen fleuve Bleu. Annexé par Qin en 223.

CINQ SOUVERAINS (*wudi*) : Liste canonique de souverains légendaires de la haute Antiquité. Ce sont : le Souverain Jaune (Huangdi), Zhuanxu, Gaoxin, Yao et Shun.

CONFUCIUS (trad. 551-479) fut un philosophe itinérant de la fin des Printemps et Automnes. Il prônait un retour aux traditions rituelles et éthiques, pour lui, les seules capables de mettre fin aux dissensions entre les différents États chinois.

DAME HUAYANG († 230) : Épouse principale du prince de Anguo (roi Xiaowen). Grâce aux intrigues de Lü Buwei, elle adopte Zichu (roi Zhuangxiang), père du Premier empereur, qui devient de ce fait prince héritier de Qin.

EMPEREUR WU des Han (156-87) : Septième souverain de la dynastie, il monte sur trône à l'âge de seize ans (en 140) et règne pendant cinquante-quatre ans. Consolidateur de la dynastie, l'empereur Wu étend le territoire impérial par de multiples campagnes militaires vers le nord et le sud du pays et, grâce au penseur Dong Zhongshu, fait du confucianisme l'idéologie officielle de l'État. C'est sous son règne que Sima Qian rédige ses *Mémoires historiques*, source textuelle principale sur le Premier empereur.

HAN FEI (280-233) : Philosophe légiste originaire du Han. Il fréquenta Xunzi et fut le condisciple de Li Si. Il fut poussé au suicide par le Premier empereur sur le conseil de Li Si. L'ouvrage qui porte son nom (le *Hanfeizi*) est une collection d'essais qu'il aurait rédigés tout au long de sa vie. Sa pensée eut une grande influence, et nombre de principes qu'il promouvait furent appliqués à Qin par Li Si.

HAN : État résultant de la tripartition de la principauté de Jin en 403. Pays d'origine de Han Fei. Annexé par Qin en 230.

HANDAN : Capitale du Zhao, lieu de naissance du Premier empereur.

LAO AI (†238) : Amant de la reine mère, qui lui donna deux fils. Entré à son service comme serviteur, il eut une grande influence à la cour du Premier empereur, jusqu'à ce que ce dernier découvre en 238 sa liaison avec sa mère. Lao Ai fut alors exécuté. L'affaire éclaboussa Lü Buwei, qui avait contribué à rapprocher Lao Ai de la reine mère.

LÉGISME (*fajia*) : Doctrine politique dont le fondement est l'exercice absolu de la loi. Ce courant est opposé au confucianisme, qui valorise essentiellement les rapports hiérarchiques et les rites. Les principaux penseurs du légisme sont Shang Yang et Han Fei, ainsi que Li Si, qui mit en pratique la doctrine pour le compte du Premier empereur.

LI Si (280-208) : Originaire du pays de Chu, il étudia auprès du confucianiste Xunzi en même temps que Han Fei. Il s'installa à Qin et intégra l'entourage de Lü Buwei. Sa doctrine légiste, inspirée de celle de Han Fei, plut beaucoup au futur Premier empereur, alors roi de Qin, qui en fit son Premier ministre dès 238. Li Si une fois au pouvoir se débarrassa de son ancien protecteur (Lü Buwei), puis de son condisciple (Han Fei), en qui il voyait des rivaux.

LU : État situé à l'est, dans l'actuelle province du Shandong. Patrie de Confucius, ce pays fut important par son rayonnement culturel. Le classique confucéen *Les Printemps et Automnes* (*Chunqiu*) consiste en des annales de cet État. Lu fut annexé par Chu en 256.

Lü Buwei (291-235) : Marchand et homme politique. Il parvient à faire adopter Zichu par l'épouse principale du roi Xiaowen (qui n'est alors que prince héritier de Qin). Lorsque Xiaowen monte sur le trône, Zichu devient prince héritier, et lorsqu'à son tour, il devient roi de Qin (en 250), Lü Buwei est nommé Premier ministre. Sa maîtresse (alors enceinte) épouse Zichu, à qui elle plaît, et donne naissance au Premier empereur (Lü Buwei est donc peut-être le père biologique de ce dernier). Vers 240, il réunit de nombreux lettrés de diverses tendances (légistes, confucianismes, taoïstes et autres) et leur fait composer une encyclopédie destinée à faire la synthèse des différents courants. Elle a pour nom *Les Printemps et Automnes de Lü Buwei* (*Lü shi chunqiu*). Lü Buwei exerce la régence du Premier empereur jusqu'en 237, année où il est impliqué dans l'affaire Lao Ai, amant de la reine mère. Il est exilé et se suicide en 235.

QIN : État situé dans l'ouest (dans l'actuelle vallée de la rivière Wei) et considéré, de manière traditionnelle, comme sauvage. Il annexa les autres États un par un, réalisa l'unification territoriale en 221 et créa un nouveau système politique : l'Empire. À partir de cette date, on ne parle plus de Qin en tant que principauté, mais des Qin en tant que dynastie impériale.

REINE MÈRE († 228) : Maîtresse de Lü Buwei, originaire de la principauté de Zhao. Elle plaît au roi Zhuangxiang, qui la prend pour épouse alors qu'elle est enceinte. Elle donne naissance au Premier empereur, et, lorsqu'il monte sur le trône en 247, elle devient reine mère (*taihou*). Lü Buwei met à son service Lao Ai, à qui elle donne deux fils. Lorsque le Premier empereur est mis courant de cela en 238, il fait exécuter Lao Ai, destitue Lü Buwei et exile sa mère. Il la rappelle au palais royal un peu plus tard.

ROI XIAOWEN de Qin (r. 251-249) : Père de Zichu, grand-père du Premier empereur.

ROI ZHUANGXIANG de Qin (Zichu) (r. 250-247) : Père du Premier empereur. L'un des nombreux fils cadets du roi Xiaowen, envoyé en otage dans la principauté de Zhao. Grâce à l'entremise de Lü Buwei, il est adopté par la favorite de son père, dame Huayang, et est nommé prince héritier.

SHANG : Dynastie fondée vers le XVe siècle. Attestée historiquement. Elle se maintint environ cinq siècles, puis fut conquise par les Zhou.

SHANG YANG (390-338) : Premier ministre et idéologue du royaume de Qin au IVe s. avant J.-C. Gongsun Yang de son vrai nom. Originaire du pays de Wei, il se rendit à Qin et devint le Premier ministre du duc Xiao vers 350. Il appliqua alors un vaste programme de réformes inspirées par une idéologie légiste.

SHU : Région située dans l'actuelle province du Sichuan.

SHUN : Souverain légendaire de la haute Antiquité. Parangon de vertu. Il reçut le trône de Yao, qui abdiqua en sa faveur, et le transmit de la même manière à Yu le Grand.

WEI : État résultant de la tripartition de la principauté de Jin en 403. Annexé par Qin en 225.

XIANYANG : Capitale de Qin. Situé près de l'actuelle ville de Xi'an, dans la province du Shaanxi.

YAN : Principauté du nord. Sa capitale était située sur l'actuelle Pékin. Annexé par Qin en 222.

YAO : Souverain légendaire de la haute Antiquité. Parangon de vertu. Abdiqua en faveur de Shun.

YONG : Ancienne capitale de Qin, située à l'ouest du pays.

YU LE GRAND : Souverain légendaire. Il reçut le pouvoir des mains de Shun et fonda la dynastie (légendaire) des Xia.

ZHAO : État résultant de la tripartition de la principauté de Jin en 403. Annexé par Qin en 228.

ZHOU : État et dynastie. Fondé par le roi Wu au XIe siècle, l'État de Zhou conquit celui de Shang. Le souverain des Zhou est le fils du Ciel et, en théorie, le suzerain des autres monarques chinois, considérés comme des feudataires. Le titre de roi (*wang*) lui est en principe réservé, mais de nombreux feudataires usurpent ce titre au fur et à mesure que la puissance politique des Zhou diminue. Le domaine royal des Zhou est annexé par Qin en 256, supprimant *ipso facto* la dynastie des Zhou.

ZICHU : voir roi Zhuangxiang.

BIOGRAPHIES DES AUTEURS

Ban Gu (32-92) vécut sous la dynastie des Han postérieurs. Poursuivant l'œuvre commencée par son père, Ban Biao, il composa un *Livre des Han* (*Hanshu*) consacré aux Han dits antérieurs (206 av. J.-C.-9 ap. J.-C.). Il se conforma au modèle constitué par Sima Qian dans ses *Mémoires historiques*, dans lesquels il puisa beaucoup de matière. Le *Livre des Han* est la première des histoires proprement dynastiques. Il comporte 100 chapitres et se divise en quatre grandes parties : 1) des annales impériales (13 chapitres), 2) des tableaux chronologiques (8 chap.), 3) des traités monographiques (10 chap.), 4) des biographies (70 chap.).

Dong Zhongshu (179-104) : Philosophe de l'époque de l'empereur Wu des Han. Il établit une synthèse du confucianisme classique et de divers autres courants, dont la cosmologie corrélative. Sa doctrine devient le soubassement idéologique de l'empire des Han. Il est célèbre pour ses dissertations adressées à l'empereur Wu, qui lui valurent un poste de conseiller, et pour son ouvrage philosophique *L'Abondante Rosée des* Printemps et Automnes (*Chunqiu fanlu*).

HAN Fei, *cf.* Glossaire des noms propres.

JIA YI (201-169) : Homme de lettres du début de la dynastie Han. Il écrivit un « Réquisitoire contre Qin » (*Guo Qin lun*) dans lequel il analyse les causes de la chute de cette dynastie et explique les réussites de la suivante, les Han, sous laquelle il vivait. Cet essai eut une grande influence sur la pensée politique chinoise ancienne. Il est conservé dans les *Mémoires historiques* de Sima Qian (chap. 6) et dans le *Livre des Han* de Ban Gu.

LAOZI (trad. 570-490) est l'auteur supposé du *Livre de la voie et de la vertu* (*Daodejing, Tao te king*). La tradition en fait un contemporain de Confucius. Partisan d'une éthique mystique et naturaliste, Laozi s'opposait à la fois à la pensée discursive et au ritualisme des confucianistes. Le *Livre de la voie et de la vertu* se compose de quatre-vingt-une courtes sections plus ou moins rythmées, où il est question d'éthique, de politique et de culture de soi. L'un des thèmes les plus prégnants est celui du « non-agir » (*wuwei*) : il s'agit de ne pas intervenir dans le cours naturel des choses, notion centrale dans la philosophie taoïste. On y rencontre également d'autres notions importantes, comme le rôle du saint dans le gouvernement, la cosmologie, l'éloge de la faiblesse, du non-désir. Certains principes de gouvernement rappellent ceux prônés plus tard par les légistes : de nombreux passages du *Livre de la voie et de la vertu* font l'objet de commentaires par Han Fei dans le *Hanfeizi*.

Liu An (179-122) était un prince du clan impérial des Han, et l'oncle de l'empereur Wu. Sa cour, dans sa principauté de Huainan, était un lieu de débat où se rassemblaient de nombreux lettrés influencés par la doctrine taoïste. Il dirigea la composition d'une encyclopédie, le *Huainan zi*, qu'il présenta à l'empereur en 139. Dépassant le simple cadre de la philosophie taoïste, l'ouvrage traite de nombreux domaines du savoir, comme l'astronomie, la géographie, la médecine, les sciences naturelles, etc. Ce traité accorde également beaucoup de place aux autres courants de pensée de l'époque (confucianisme, légisme, mohisme...), si bien qu'il est classé parmi les ouvrages « mixtes » (*zajia*) dans le traité bibliographique du *Livre des Han* de Ban Gu.

Liu Xiang (77-6), apparenté à la famille impériale de la dynastie des Han, eut une charge de conservateur en chef dans la bibliothèque impériale. Il s'illustra dans la rédaction de catalogues bibliographiques et compila un certain nombre de recueils d'anecdotes historiques, comme les *Stratagèmes des Royaumes combattants* (*Zhanguo ce*), le *Jardin d'anecdotes* (*Shuoyuan*) ou encore les *Biographies de femmes exemplaires* (*Lienü zhuan*). Confucianiste convaincu, il chercha, au travers d'exemples historiques, à constituer une morale politique, si bien que les anecdotes qu'il a rassemblées sont parfois à prendre *cum grano salis*. Il n'hésite pas en effet à forcer certains traits, à exagérer les propos qu'il met dans la bouche des protagonistes et pratique même parfois l'anachronisme, lorsqu'il fait, par exemple, dialoguer entre eux des personnages ayant vécu à des époques différentes.

Lɪᴜ **Zongyuan** (773-819) fut un grand prosateur et poète de la seconde moitié des Tang. Il mena aussi une carrière officielle, et eut à subir diverses pressions politiques sous le règne de l'empereur Xianzong (r. 806-820). Il mourut en exil. Son œuvre est marquée par un retour à la prose antique. Son fameux essai intitulé « Sur le féodalisme » (*Fengjian lun*), dans lequel il analyse ce système politique en le comparant au système impérial centralisé créé par les Qin, est teinté de légisme.

Lÿ **Buwei**, *cf.* Glossaire des noms propres.

Mᴇɴᴄɪᴜs (vers 370-290) fut, avec Xunzi, l'héritier de Confucius. L'ouvrage qui porte son nom (le *Mencius*, ou *Mengzi*) est une collection de conversations qu'aurait tenues le philosophe avec ses disciples, des souverains ou d'autres contemporains. Il fut intégré au canon confucéen sous la dynastie des Song.

SHANG YANG, *cf.* Glossaire des noms propres.

SIMA Guang (1019-1086) vécut sous la dynastie des Song. Il est célèbre pour sa vaste histoire de la Chine intitulée *Miroir général pour aider à gouverner* (*Zizhi tongjian*), qui couvre la période 403 av. J.-C.-959 ap. J.-C. Puisant sa matière dans les histoires officielles (parmi lesquelles les *Mémoires historiques* de Sima Qian et le *Livre des Han* de Ban Gu) et d'autres textes aujourd'hui disparus, Sima Guang a écrit son ouvrage sous une forme purement annalistique.

SIMA Qian (vers 140-86) succède à son père Sima Tan dans la charge d'annaliste de l'empereur Wu des Han en 110. Il décide alors de poursuivre l'œuvre paternelle et commence la rédaction d'une vaste histoire de la Chine, étayée par une importante documentation, puisque, de par sa fonction, il a un accès privilégié aux archives impériales. Ayant pris la défense d'un général défait par les barbares Xiongnu, Sima Qian est disgracié par le souverain et condamné à la castration, une peine extrêmement infamante. Par la suite, il retourne à la cour, où il sert le monarque en tant que secrétaire privé. Il achève son histoire de la Chine en 91. Intitulé *Mémoires historiques* (*Shiji*), cet ouvrage couvre une période très étendue, des origines légendaires jusqu'à l'époque de l'auteur. C'est la première des histoires officielles (*zhengshi*). Les *Mémoires* sont divisés en cinq grandes parties totalisant 130 chapitres : 1) des annales des souverains (12 chapitres), 2) des tableaux chronologiques (10 chap.), 3) des traités monographiques (rites, musiques officielles, astronomie, etc., 8 chap.), 4) des « Maisons héréditaires » (30 chap.), où l'auteur relate les histoires des principautés de l'époque des Zhou orientaux, 5) des biographies d'hommes célèbres (ministres, hommes de lettre, philosophes, généraux, etc., 70 chap.). Cette structure servira de modèle à nombre d'historiens postérieurs, dont Ban Gu. Les *Mémoires historiques* sont la source textuelle principale concernant le Premier empereur.

Wang Chong (vers 27-100) est un philosophe des Han postérieurs. Son œuvre principale est un ensemble d'essais intitulé *Discussions critiques* (*Lunheng*). Wang Chong est considéré comme un penseur rationaliste et sceptique, notamment vis-à-vis des superstitions, des augures, ou des cultes rendus à des personnages divinisés, comme Confucius ou Laozi. Il aborde dans son œuvre un très grand nombre de sujets, comme la politique, l'histoire, l'astronomie, les sciences naturelles ou encore la météorologie.

Xunzi (312-230) fut, avec Mencius, l'héritier de Confucius. Il représente une tendance réaliste dans la doctrine. Il fréquenta l'Académie Jixia, grand foyer culturel de la principauté de Qi au IVe et au IIIe siècle, et fut le professeur de Han Fei et de Li Si. Son œuvre, le *Xunzi*, est un ensemble d'essais argumentatifs qui, dans leur forme, se démarquent considérablement des *Entretiens* de Confucius ou du *Mencius*, deux textes composés essentiellement de dialogues.

BIBLIOGRAPHIE

Textes cités

Les textes ont été traduits du chinois par Damien Chaussende, à l'exception des extraits des chapitres 5-7, 15 et 28 des *Mémoires historiques* de Sima Qian, remaniés d'après :

CHAVANNES (Édouard), *Les Mémoires historiques de Se-ma Ts'ien,* Paris, Ernest Leroux, 1895-1905, rééd. Adrien Maisonneuve, 1967-1969.

Pour aller plus loin

CHENG (Anne), *Histoire de la pensée chinoise*, Paris, Seuil, 1997, rééd. Point Seuil, 2002.

DZO (Jing-chuan), *Sseu-ma Ts'ien et l'historiographie chinoise*, Paris, Publications orientalistes de France, 1978, rééd. You Feng, 2003.

GERNET (Jacques), *Le Monde chinois*, Paris, Armand Colin, 1999, rééd. Pocket, 2003.

Han-Fei-tse ou le Tao du prince, traduit par Jean Levi, Paris, Point Seuil, 1999.

KERN (Martin), *The Stele Inscriptions of Ch'in Shih-huang : Text and Ritual in Early Chinese Imperial Representation*, New Haven, American Oriental Society, 2000.

LE BLANC (Charles), MATHIEU (Rémi) (trad.), *Philoso-phes confucianistes*, « Bibliothèque de la Pléiade », Paris, Gallimard, 2009.

LE BLANC (Charles), MATHIEU (Rémi) (dir.), *Philoso-phes taoïstes II : Huainan zi*, « Bibliothèque de la Pléiade », Paris, Gallimard, 2003.

Le Lao-tseu, suivi des Quatre Canons de l'empereur Jaune, traduit par Jean Levi, Paris, Albin Michel, 2009.

Le Livre du Prince Shang, traduit par Jean Levi, Paris, Flammarion, 1981.

LEVI (Jean), *Le Grand Empereur et ses automates*, Paris, Albin Michel, 1985.

LEWIS (Mark Edward), *The Early Chinese Empires : Qin and Han*, Cambridge, Harvard University Press, 2007.

MASPERO (Henri), *La Chine antique*, Paris, Presses universitaires de France, 1927, rééd. 1965.

MUTSCHLER (Fritz-Heiner), MITTAG (Achim) (dir.), *Conceiving the Empire: China and Rome Compared*, New York, Oxford University Press, 2008.

PINES (Yuri), *Envisioning Eternal Empire : Chinese Political Thought of the Warring State Era*, Honolulu, University of Hawai'i Press, 2009.

PIMPANEAU (Jacques) (trad.), *Vies de Chinois illustres. Chapitres I à XXXII, XLV, LXVIII des biographies, partie V des* Mémoires historiques, Paris, Librairie You Feng, 2010.

Portal (Jane) (dir.), *The First Emperor : China's Terracotta Army*, Londres, British Museum Press, 2007.

Printemps et automnes de Lü Buwei, traduit par Ivan Kamenarovic, Paris, Cerf, 1998.

Tschepe (Albert), *Histoire du Royaume de Ts'in (777-207 av. J.-C.)*, Variétés sinologiques n° 27, Shanghai, Imprimerie de la Mission catholique de l'orphelinat de T'ou-sé-wé, 1909.

Thote (Alain), Falkenhausen (Lothar Von) (dir.), *Les Soldats de l'éternité : L'armée de Xi'an*, Paris, Pinacothèque de Paris, 2008.

Watson (Burton), *Sima Qian, Records of the Grand*, Hong Kong, Columbia University Press, 1993.

Wood (Frances), *L'Empereur de l'armée enterrée : 259-210 av. J.-C.*, Paris, Autrement, 2008.

CARTES

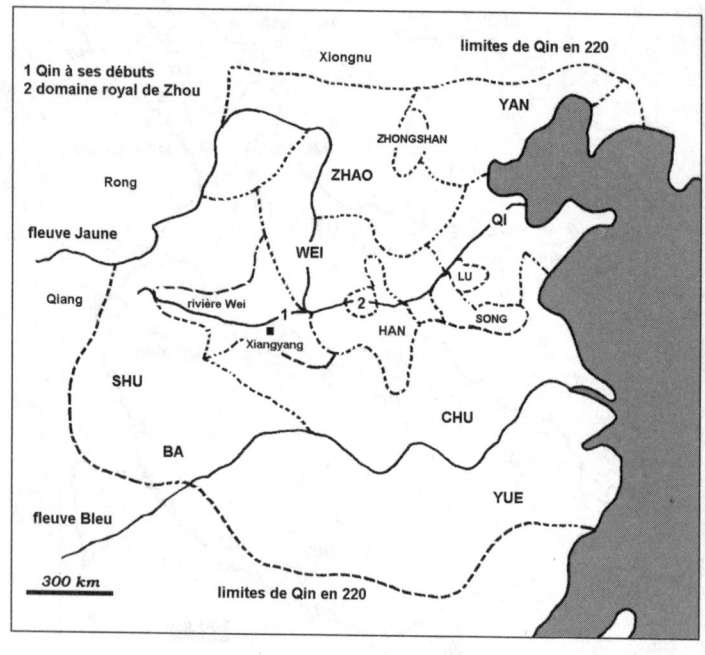

La Chine au IIIe siècle avant notre ère

D'après PORTAL (Jane) (dir.), *The First Emperor : China's Terracotta Army*, p. 19. Les limites des États sont approximatives. Au cours du IIIe siècle, les frontières varient au gré des victoires et des défaites militaires, et disparaissent à mesure que le Qin annexe les royaumes.

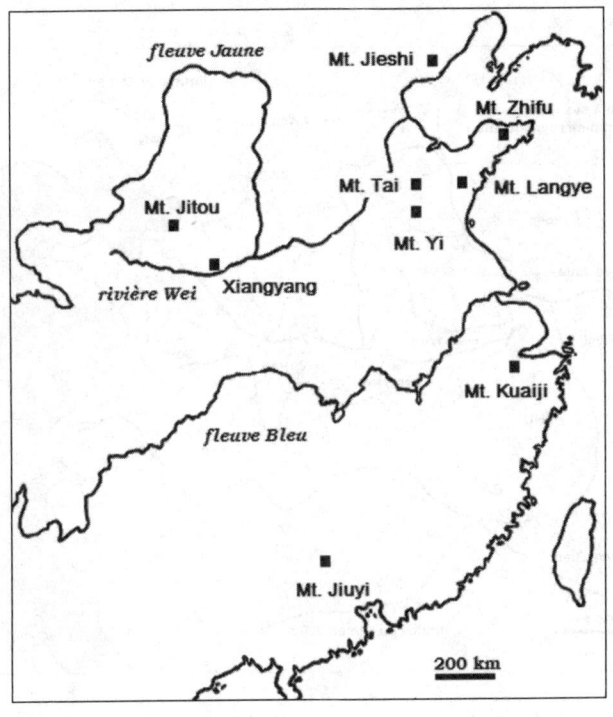

Les tournées d'inspection du Premier empereur

D'après MUTSCHLER (Fritz-Heiner), MITTAG (Achim) (dir.),
Conceiving the Empire : China and Rome Compared, p. 220.

TABLE DES MATIÈRES

Prologue 9
Qin avant l'Empire : les réformes légistes
   de Shang Yang 15
Un marchand établit un prince 29
Le prince devient roi 35
La mort du philosophe Han Fei 47
Tentatives d'assassinat et conquête de Yan 55
La conquête des derniers royaumes : Wei, Chu
   et Qi. 65
« Je suis le Premier empereur » 71
Tournées d'inspection dans l'Empire 83
La persécution des lettrés. 107
Un palais pour disparaître dans
   l'immortalité 123
La mort de l'empereur et sa succession. 131
La chute des Qin 139
Vraie *hybris* ou fausse légende ? 143

Chronologie. 155
Les dynasties chinoises. 159
Arbre généalogique 161
Glossaire des noms propres et des notions . . . 163
Biographies des auteurs 169
Bibliographie
   Textes cités. 177
   Pour aller plus loin 177

Cartes

La Chine au IIIe siècle avant notre ère 182

Les tournées d'inspection du Premier
empereur 183

Ce volume,
le huitième
de la collection
La véritable histoire de,
publié aux Éditions Les Belles Lettres,
a été achevé d'imprimer
en septembre 2010
sur les presses
de La Nouvelle Imprimerie Laballery
58500 Clamecy

N° d'éditeur : 7126 – N° d'imprimeur : 009344
Dépôt légal : octobre 2010
Imprimé en France